PERSAN
VOCABULAIRE

POUR L'AUTOFORMATION

FRANÇAIS
PERSAN

Les mots les plus utiles
Pour enrichir votre vocabulaire et aiguiser
vos compétences linguistiques

5000 mots

Vocabulaire Français-Persan pour l'autoformation - 5000 mots
Dictionnaire thématique
Par Andrey Taranov

Les dictionnaires T&P Books ont pour but de vous aider à apprendre, à mémoriser et à réviser votre vocabulaire en langue étrangère. Ce dictionnaire thématique couvre tous les grands domaines du quotidien: l'économie, les sciences, la culture, etc ...

Acquérir du vocabulaire avec les dictionnaires thématiques T&P Books vous offre les avantages suivants:

- Les données d'origine sont regroupées de manière cohérente, ce qui vous permet une mémorisation lexicale optimale
- La présentation conjointe de mots ayant la même racine vous permet de mémoriser des groupes sémantiques entiers (plutôt que des mots isolés)
- Les sous-groupes sémantiques vous permettent d'associer les mots entre eux de manière logique, ce qui facilite votre consolidation du vocabulaire
- Votre maîtrise de la langue peut être évaluée en fonction du nombre de mots acquis

Copyright © 2017 T&P Books Publishing

Tous droits réservés. Sans permission écrite préalable des éditeurs, toute reproduction ou exploitation partielle ou intégrale de cet ouvrage est interdite, sous quelque forme et par quelque procédé (électronique ou mécanique) que ce soit, y compris la photocopie, l'enregistrement ou le recours à un système de stockage et de récupération des données.

T&P Books Publishing
www.tpbooks.com

ISBN: 978-1-78716-797-1

Ce livre existe également en format électronique.
Pour plus d'informations, veuillez consulter notre site: www.tpbooks.com ou rendez-vous sur ceux des grandes librairies en ligne.

VOCABULAIRE PERSAN POUR L'AUTOFORMATION
Dictionnaire thématique

Les dictionnaires T&P Books ont pour but de vous aider à apprendre, à mémoriser et à réviser votre vocabulaire en langue étrangère. Ce lexique présente, de façon thématique, plus de 5000 mots les plus fréquents de la langue.

- Ce livre comporte les mots les plus couramment utilisés
- Son usage est recommandé en complément de l'étude de toute autre méthode de langue
- Il répond à la fois aux besoins des débutants et à ceux des étudiants en langues étrangères de niveau avancé
- Il est idéal pour un usage quotidien, des séances de révision ponctuelles et des tests d'auto-évaluation
- Il vous permet de tester votre niveau de vocabulaire

Spécificités de ce dictionnaire thématique:

- Les mots sont présentés de manière sémantique, et non alphabétique
- Ils sont répartis en trois colonnes pour faciliter la révision et l'auto-évaluation
- Les groupes sémantiques sont divisés en sous-groupes pour favoriser l'apprentissage
- Ce lexique donne une transcription simple et pratique de chaque mot en langue étrangère

Ce dictionnaire comporte 155 thèmes, dont:

les notions fondamentales, les nombres, les couleurs, les mois et les saisons, les unités de mesure, les vêtements et les accessoires, les aliments et la nutrition, le restaurant, la famille et les liens de parenté, le caractère et la personnalité, les sentiments et les émotions, les maladies, la ville et la cité, le tourisme, le shopping, l'argent, la maison, le foyer, le bureau, la vie de bureau, l'import-export, le marketing, la recherche d'emploi, les sports, l'éducation, l'informatique, l'Internet, les outils, la nature, les différents pays du monde, les nationalités, et bien d'autres encore ...

TABLE DES MATIÈRES

Guide de prononciation	9
Abréviations	10

CONCEPTS DE BASE	11
Concepts de base. Partie 1	11

1. Les pronoms	11
2. Adresser des vœux. Se dire bonjour. Se dire au revoir	11
3. Comment s'adresser à quelqu'un	12
4. Les nombres cardinaux. Partie 1	12
5. Les nombres cardinaux. Partie 2	13
6. Les nombres ordinaux	14
7. Les nombres. Fractions	14
8. Les nombres. Opérations mathématiques	14
9. Les nombres. Divers	14
10. Les verbes les plus importants. Partie 1	15
11. Les verbes les plus importants. Partie 2	16
12. Les verbes les plus importants. Partie 3	17
13. Les verbes les plus importants. Partie 4	17
14. Les couleurs	18
15. Les questions	19
16. Les prépositions	20
17. Les mots-outils. Les adverbes. Partie 1	20
18. Les mots-outils. Les adverbes. Partie 2	22

Concepts de base. Partie 2	24
19. Les jours de la semaine	24
20. Les heures. Le jour et la nuit	24
21. Les mois. Les saisons	25
22. Les unités de mesure	27
23. Les récipients	28

L'HOMME	29
L'homme. Le corps humain	29

01. Lu tête	29
25. Le corps humain	30

Les vêtements & les accessoires	31
26. Les vêtements d'extérieur	31
27. Men's & women's clothing	31

28. Les sous-vêtements	32
29. Les chapeaux	32
30. Les chaussures	32
31. Les accessoires personnels	33
32. Les vêtements. Divers	33
33. L'hygiène corporelle. Les cosmétiques	34
34. Les montres. Les horloges	35

Les aliments. L'alimentation	36
35. Les aliments	36
36. Les boissons	37
37. Les légumes	38
38. Les fruits. Les noix	39
39. Le pain. Les confiseries	40
40. Les plats cuisinés	40
41. Les épices	41
42. Les repas	42
43. Le dressage de la table	43
44. Le restaurant	43

La famille. Les parents. Les amis	44
45. Les données personnelles. Les formulaires	44
46. La famille. Les liens de parenté	44

La médecine	46
47. Les maladies	46
48. Les symptômes. Le traitement. Partie 1	47
49. Les symptômes. Le traitement. Partie 2	48
50. Les symptômes. Le traitement. Partie 3	49
51. Les médecins	50
52. Les médicaments. Les accessoires	50

L'HABITAT HUMAIN	52
La ville	52
53. La ville. La vie urbaine	52
54. Les institutions urbaines	53
55. Les enseignes. Les panneaux	54
56. Les transports en commun	55
57. Le tourisme	56
58. Le shopping	57
59. L'argent	58
60. La poste. Les services postaux	59

Le logement. La maison. Le foyer	60
61. La maison. L'électricité	60

62. La villa et le manoir	60
63. L'appartement	60
64. Les meubles. L'intérieur	61
65. La literie	62
66. La cuisine	62
67. La salle de bains	63
68. Les appareils électroménagers	64

LES ACTIVITÉS HUMAINS	**65**
Le travail. Les affaires. Partie 1	**65**
69. Le bureau. La vie de bureau	65
70. Les processus d'affaires. Partie 1	66
71. Les processus d'affaires. Partie 2	67
72. L'usine. La production	68
73. Le contrat. L'accord	69
74. L'importation. L'exportation	70
75. La finance	70
76. La commercialisation. Le marketing	71
77. La publicité	72
78. Les opérations bancaires	72
79. Le téléphone. La conversation téléphonique	73
80. Le téléphone portable	74
81. La papeterie	74
82. Les types d'activités économiques	74

Le travail. Les affaires. Partie 2	**77**
83. Les foires et les salons	77
84. La recherche scientifique et les chercheurs	78

Les professions. Les métiers	**80**
85. La recherche d'emploi. Le licenciement	80
86. Les hommes d'affaires	80
87. Les métiers des services	81
88. Les professions militaires et leurs grades	82
89. Les fonctionnaires. Les prêtres	83
90. Les professions agricoles	83
91. Les professions artistiques	84
92. Les différents métiers	84
93. Les occupations. Le statut social	86

L'éducation	**87**
94. L'éducation	87
95. L'enseignement supérieur	88
96. Les disciplines scientifiques	89
97. Le système d'écriture et l'orthographe	89
98. Les langues étrangères	90

Les loisirs. Les voyages	92
99. Les voyages. Les excursions	92
100. L'hôtel	92

LE MATÉRIEL TECHNIQUE. LES TRANSPORTS	94
Le matériel technique	94
101. L'informatique	94
102. L'Internet. Le courrier électronique	95
103. L'électricité	96
104. Les outils	96

Les transports	99
105. L'avion	99
106. Le train	100
107. Le bateau	101
108. L'aéroport	102

Les grands événements de la vie	104
109. Les fêtes et les événements	104
110. L'enterrement. Le deuil	105
111. La guerre. Les soldats	105
112. La guerre. Partie 1	107
113. La guerre. Partie 2	108
114. Les armes	109
115. Les hommes préhistoriques	111
116. Le Moyen Âge	112
117. Les dirigeants. Les responsables. Les autorités	113
118. Les crimes. Les criminels. Partie 1	114
119. Les crimes. Les criminels. Partie 2	115
120. La police. La justice. Partie 1	116
121. La police. La justice. Partie 2	117

LA NATURE	119
La Terre. Partie 1	119
122. L'espace cosmique	119
123. La Terre	120
124. Les quatre parties du monde	121
125. Les océans et les mers	121
126. Les noms des mers et des océans	122
127. Les montagnes	123
128. Les noms des chaînes de montagne	124
129. Les fleuves	124
130. Les noms des fleuves	125
131. La forêt	125
132. Les ressources naturelles	126

La Terre. Partie 2 128

133. Le temps 128
134. Les intempéries. Les catastrophes naturelles 129

La faune 130

135. Les mammifères. Les prédateurs 130
136. Les animaux sauvages 130
137. Les animaux domestiques 131
138. Les oiseaux 132
139. Les poissons. Les animaux marins 134
140. Les amphibiens. Les reptiles 134
141. Les insectes 135

La flore 136

142. Les arbres 136
143. Les arbustes 136
144. Les fruits. Les baies 137
145. Les fleurs. Les plantes 138
146. Les céréales 139

LES PAYS DU MONDE. LES NATIONALITÉS 140

147. L'Europe de l'Ouest 140
148. L'Europe Centrale et l'Europe de l'Est 140
149. Les pays de l'ex-U.R.S.S. 141
150. L'Asie 141
151. L'Amérique du Nord 142
152. L'Amérique Centrale et l'Amérique du Sud 142
153. L'Afrique 143
154. L'Australie et Océanie 143
155. Les grandes villes 143

GUIDE DE PRONONCIATION

Alphabet phonétique T&P	Exemple en persan	Exemple en français
['] (ayn)	[da'vā] دعوا	consonne fricative pharyngale voisée
['] (hamza)	[ta'id] تایید	coup de glotte
[a]	[ravad] رود	classe
[ā]	[ātaš] آتش	camarade
[b]	[bānk] بانک	bureau
[č]	[čand] چند	match
[d]	[haštād] هشتاد	document
[e]	[ešq] عشق	équipe
[f]	[fandak] فندک	formule
[g]	[logo] لوگو	gris
[h]	[giyāh] گیاه	[h] aspiré
[i]	[jazire] جزیره	stylo
[j]	[jašn] جشن	adjoint
[k]	[kāj] کاج	bocal
[l]	[limu] لیمو	vélo
[m]	[mājarā] ماجرا	minéral
[n]	[norvež] نروژ	ananas
[o]	[golf] گلف	normal
[p]	[operā] اپرا	panama
[q]	[lāqar] لاغر	g espagnol - amigo, magnífico
[r]	[raqam] رقم	racine, rouge
[s]	[sup] سوپ	syndicat
[š]	[duš] دوش	chariot
[t]	[tarjome] ترجمه	tennis
[u]	[niru] نیرو	boulevard
[v]	[varšow] ورشو	rivière
[w]	[rowšan] روشن	iguane
[x]	[kāx] کاخ	scots - nicht, allemand - Dach
[y]	[biyābān] بیابان	maillot
[z]	[zanjir] زنجیر	gazeuse
[ž]	[žuan] ژوئن	jeunesse

ABRÉVIATIONS
employées dans ce livre

Abréviations en français

adj	-	adjective
adv	-	adverbe
anim.	-	animé
conj	-	conjonction
dénombr.	-	dénombrable
etc.	-	et cetera
f	-	nom féminin
f pl	-	féminin pluriel
fam.	-	familiar
fem.	-	féminin
form.	-	formal
inanim.	-	inanimé
indénombr.	-	indénombrable
m	-	nom masculin
m pl	-	masculin pluriel
m, f	-	masculin, féminin
masc.	-	masculin
math	-	mathematics
mil.	-	militaire
pl	-	pluriel
prep	-	préposition
pron	-	pronom
qch	-	quelque chose
qn	-	quelqu'un
sing.	-	singulier
v aux	-	verbe auxiliaire
v imp	-	verbe impersonnel
vi	-	verbe intransitif
vi, vt	-	verbe intransitif, transitif
vp	-	verbe pronominal
vt	-	verbe transitif

CONCEPTS DE BASE

Concepts de base. Partie 1

1. Les pronoms

je	man	من
tu	to	تو
il, elle, ça	u	او
nous	mā	ما
vous	šomā	شما
ils, elles	ān-hā	آنها

2. Adresser des vœux. Se dire bonjour. Se dire au revoir

Bonjour! (form.)	salām	سلام
Bonjour! (le matin)	sobh bexeyr	صبح بخیر
Bonjour! (après-midi)	ruz bexeyr!	روز بخیر!
Bonsoir!	asr bexeyr	عصر بخیر
dire bonjour	salām kardan	سلام کردن
Salut!	salām	سلام
salut (m)	salām	سلام
saluer (vt)	salām kardan	سلام کردن
Comment allez-vous?	haletān četowr ast?	حالتان چطور است؟
Comment ça va?	četorid?	چطورید؟
Quoi de neuf?	če xabar?	چه خبر؟
Au revoir! (form.)	xodāhāfez	خداحافظ
Au revoir! (fam.)	bāy bāy	بای بای
À bientôt!	be omid-e didār!	به امید دیدار!
Adieu!	xodāhāfez!	خداحافظ!
dire au revoir	xodāhāfezi kardan	خداحافظی کردن
Salut! (À bientôt!)	tā bezudi!	تا بزودی!
Merci!	motešakker-am!	متشکرم!
Merci beaucoup!	besyār motešakker-am!	بسیار متشکرم!
Je vous en prie	xāheš mikonam	خواهش می کنم
Il n'y a pas de quoi	tašakkor lāzem nist	تشکر لازم نیست
Pas de quoi	qābel-i nadārad	قابلی ندارد
Excuse-moi!	bebaxšid!	ببخشید!
excuser (vt)	baxšidan	بخشیدن
s'excuser (vp)	ozr xāstan	عذر خواستن
Mes excuses	ozr mixāham	عذرمی خواهم

Pardonnez-moi!	bebaxšid!	ببخشید!
pardonner (vt)	baxšidan	بخشیدن
C'est pas grave	mohem nist	مهم نیست
s'il vous plaît	lotfan	لطفاً

N'oubliez pas!	farāmuš nakonid!	فراموش نکنید!
Bien sûr!	albate!	البته!
Bien sûr que non!	albate ke neh!	البته که نه!
D'accord!	besyār xob!	بسیار خوب!
Ça suffit!	bas ast!	بس است!

3. Comment s'adresser à quelqu'un

Excusez-moi!	bebaxšid!	ببخشید!
monsieur	āqā	آقا
madame	xānom	خانم
madame (mademoiselle)	xānom	خانم
jeune homme	mard-e javān	مرد جوان
petit garçon	pesar bače	پسر بچه
petite fille	doxtar bačče	دخترچه

4. Les nombres cardinaux. Partie 1

zéro	sefr	صفر
un	yek	یک
deux	do	دو
trois	se	سه
quatre	čāhār	چهار

cinq	panj	پنج
six	šeš	شش
sept	haft	هفت
huit	hašt	هشت
neuf	neh	نه

dix	dah	ده
onze	yāzdah	یازده
douze	davāzdah	دوازده
treize	sizdah	سیزده
quatorze	čāhārdah	چهارده

quinze	pānzdah	پانزده
seize	šānzdah	شانزده
dix-sept	hefdah	هفده
dix-huit	hijdah	هیجده
dix-neuf	nuzdah	نوزده

vingt	bist	بیست
vingt et un	bist-o yek	بیست ویک
vingt-deux	bist-o do	بیست ودو
vingt-trois	bist-o se	بیست وسه
trente	si	سی

trente et un	si-yo yek	سی ویک
trente-deux	si-yo do	سی ودو
trente-trois	si-yo se	سی وسه
quarante	čehel	چهل
quarante et un	čehel-o yek	چهل ویک
quarante-deux	čehel-o do	چهل ودو
quarante-trois	čehel-o se	چهل وسه
cinquante	panjāh	پنجاه
cinquante et un	panjāh-o yek	پنجاه ویک
cinquante-deux	panjāh-o do	پنجاه ودو
cinquante-trois	panjāh-o se	پنجاه وسه
soixante	šast	شصت
soixante et un	šast-o yek	شصت ویک
soixante-deux	šast-o do	شصت ودو
soixante-trois	šast-o se	شصت وسه
soixante-dix	haftād	هفتاد
soixante et onze	haftād-o yek	هفتاد ویک
soixante-douze	haftād-o do	هفتاد ودو
soixante-treize	haftād-o se	هفتاد وسه
quatre-vingts	haštād	هشتاد
quatre-vingt et un	haštād-o yek	هشتاد ویک
quatre-vingt deux	haštād-o do	هشتاد ودو
quatre-vingt trois	haštād-o se	هشتاد وسه
quatre-vingt-dix	navad	نود
quatre-vingt et onze	navad-o yek	نود ویک
quatre-vingt-douze	navad-o do	نود ودو
quatre-vingt-treize	navad-o se	نود وسه

5. Les nombres cardinaux. Partie 2

cent	sad	صد
deux cents	devist	دویست
trois cents	sisad	سیصد
quatre cents	čāhārsad	چهارصد
cinq cents	pānsad	پانصد
six cents	šešsad	ششصد
sept cents	haftsad	هفتصد
huit cents	haštsad	هشتصد
neuf cents	nohsad	نهصد
mille	hezār	هزار
deux mille	dohezār	دوهزار
trois mille	se hezār	سه هزار
dix mille	dah hezār	ده هزار
cent mille	sad hezār	صد هزار
million (m)	milyun	میلیون
milliard (m)	milyārd	میلیارد

6. Les nombres ordinaux

premier (adj)	avval	اولین
deuxième (adj)	dovvomin	دومین
troisième (adj)	sevvomin	سومین
quatrième (adj)	čāhāromin	چهارمین
cinquième (adj)	panjomin	پنجمین
sixième (adj)	šešomin	ششمین
septième (adj)	haftomin	هفتمین
huitième (adj)	haštomin	هشتمین
neuvième (adj)	nohomin	نهمین
dixième (adj)	dahomin	دهمین

7. Les nombres. Fractions

fraction (f)	kasr	کسر
un demi	yek dovvom	یک دوم
un tiers	yek sevvom	یک سوم
un quart	yek čāhārom	یک چهارم
un huitième	yek panjom	یک هشتم
un dixième	yek dahom	یک دهم
deux tiers	do sevvom	دو سوم
trois quarts	se čāhārrom	سه چهارم

8. Les nombres. Opérations mathématiques

soustraction (f)	tafriq	تفریق
soustraire (vt)	tafriq kardan	تفریق کردن
division (f)	taqsim	تقسیم
diviser (vt)	taqsim kardan	تقسیم کردن
addition (f)	jam'	جمع
additionner (vt)	jam' kardan	جمع کردن
ajouter (vt)	ezāfe kardan	اضافه کردن
multiplication (f)	zarb	ضرب
multiplier (vt)	zarb kardan	ضرب کردن

9. Les nombres. Divers

chiffre (m)	raqam	رقم
nombre (m)	adad	عدد
adjectif (m) numéral	adadi	عددی
moins (m)	manfi	منفی
plus (m)	mosbat	مثبت
formule (f)	formul	فرمول
calcul (m)	mohāsebe	محاسبه
compter (vt)	šemordan	شمردن

calculer (vt)	mohāsebe kardan	محاسبه کردن
comparer (vt)	moqāyse kardan	مقایسه کردن
Combien?	čeqadr?	چقدر؟
somme (f)	jam'-e kol	جمع کل
résultat (m)	natije	نتیجه
reste (m)	bāqimānde	باقیمانده
quelques …	čand	چند
peu de …	kami	کمی
reste (m)	baqiye	بقیه
un et demi	yek-o nim	یک و نیم
douzaine (f)	dojin	دوجین
en deux (adv)	be do qesmat	به دو قسمت
en parties égales	be tāsavi	به تساوی
moitié (f)	nim	نیم
fois (f)	daf'e	دفعه

10. Les verbes les plus importants. Partie 1

aider (vt)	komak kardan	کمک کردن
aimer (qn)	dust dāštan	دوست داشتن
aller (à pied)	raftan	رفتن
apercevoir (vt)	motevajjeh šodan	متوجه شدن
appartenir à …	ta'alloq dāštan	تعلق داشتن
appeler (au secours)	komak xāstan	کمک خواستن
attendre (vt)	montazer budan	منتظر بودن
attraper (vt)	gereftan	گرفتن
avertir (vt)	hošdār dādan	هشدار دادن
avoir (vt)	dāštan	داشتن
avoir confiance	etminān kardan	اطمینان کردن
avoir faim	gorosne budan	گرسنه بودن
avoir peur	tarsidan	ترسیدن
avoir soif	tešne budan	تشنه بودن
cacher (vt)	penhān kardan	پنهان کردن
casser (briser)	šekastan	شکستن
cesser (vt)	bas kardan	بس کردن
changer (vt)	avaz kardan	عوض کردن
chasser (animaux)	šekār kardan	شکار کردن
chercher (vt)	jostoju kardan	جستجو کردن
choisir (vt)	entexāb kardan	انتخاب کردن
commander (~ le menu)	sefāreš dādan	سفارش دادن
commencer (vt)	šoru' kardan	شروع کردن
comparer (vt)	moqāyse kardan	مقایسه کردن
comprendre (vt)	fahmidan	فهمیدن
compter (dénombrer)	šemordan	شمردن
compter sur …	hesāb kardan	حساب کردن
confondre (vt)	qāti kardan	قاطی کردن

connaître (qn)	šenāxtan	شناختن
conseiller (vt)	nasihat kardan	نصیحت کردن
continuer (vt)	edāme dādan	ادامه دادن
contrôler (vt)	kontorol kardan	کنترل کردن

courir (vi)	davidan	دویدن
coûter (vt)	qeymat dāštan	قیمت داشتن
créer (vt)	ijād kardan	ایجاد کردن
creuser (vt)	kandan	کندن
crier (vi)	faryād zadan	فریاد زدن

11. Les verbes les plus importants. Partie 2

décorer (~ la maison)	tazyin kardan	تزیین کردن
défendre (vt)	defā' kardan	دفاع کردن
déjeuner (vi)	nāhār xordan	ناهار خوردن
demander (~ l'heure)	porsidan	پرسیدن
demander (de faire qch)	xāstan	خواستن

descendre (vi)	pāyin āmadan	پایین آمدن
deviner (vt)	hads zadan	حدس زدن
dîner (vi)	šām xordan	شام خوردن
dire (vt)	goftan	گفتن
diriger (~ une usine)	edāre kardan	اداره کردن
discuter (vt)	bahs kardan	بحث کردن

donner (vt)	dādan	دادن
donner un indice	sarnax dādan	سرنخ دادن
douter (vt)	šok dāštan	شک داشتن
écrire (vt)	neveštan	نوشتن
entendre (bruit, etc.)	šenidan	شنیدن

entrer (vi)	vāred šodan	وارد شدن
envoyer (vt)	ferestādan	فرستادن
espérer (vi)	omid dāštan	امید داشتن
essayer (vt)	talāš kardan	تلاش کردن

être (vi)	budan	بودن
être d'accord	movāfeqat kardan	موافقت کردن
être nécessaire	hāmi budan	حامی بودن
être pressé	ajale kardan	عجله کردن

étudier (vt)	dars xāndan	درس خواندن
excuser (vt)	baxšidan	بخشیدن
exiger (vt)	darxāst kardan	درخواست کردن
exister (vi)	vojud dāštan	وجود داشتن
expliquer (vt)	touzih dādan	توضیح دادن

faire (vt)	anjām dādan	انجام دادن
faire tomber	andāxtan	انداختن
finir (vt)	be pāyān resāndan	به پایان رساندن
garder (conserver)	hefz kardan	حفظ کردن
gronder, réprimander (vt)	da'vā kardan	دعوا کردن
informer (vt)	āgah kardan	آگاه کردن

insister (vi)	esrār kardan	اصرار کردن
insulter (vt)	towhin kardan	توهین کردن
inviter (vt)	da'vat kardan	دعوت کردن
jouer (s'amuser)	bāzi kardan	بازی کردن

12. Les verbes les plus importants. Partie 3

libérer (ville, etc.)	āzād kardan	آزاد کردن
lire (vi, vt)	xāndan	خواندن
louer (prendre en location)	ejāre kardan	اجاره کردن
manquer (l'école)	qāyeb budan	غایب بودن
menacer (vt)	tahdid kardan	تهدید کردن
mentionner (vt)	zekr kardan	ذکر کردن
montrer (vt)	nešān dādan	نشان دادن
nager (vi)	šenā kardan	شنا کردن
objecter (vt)	moxalefat kardan	مخالفت کردن
observer (vt)	mošāhede kardan	مشاهده کردن
ordonner (mil.)	farmān dādan	فرمان دادن
oublier (vt)	farāmuš kardan	فراموش کردن
ouvrir (vt)	bāz kardan	باز کردن
pardonner (vt)	baxšidan	بخشیدن
parler (vi, vt)	harf zadan	حرف زدن
participer à …	šerekat kardan	شرکت کردن
payer (régler)	pardāxtan	پرداختن
penser (vi, vt)	fekr kardan	فکر کردن
permettre (vt)	ejāze dādan	اجازه دادن
plaire (être apprécié)	dust dāštan	دوست داشتن
plaisanter (vi)	šuxi kardan	شوخی کردن
planifier (vt)	barnāmerizi kardan	برنامه ریزی کردن
pleurer (vi)	gerye kardan	گریه کردن
posséder (vt)	sāheb budan	صاحب بودن
pouvoir (v aux)	tavanestan	توانستن
préférer (vt)	tarjih dādan	ترجیح دادن
prendre (vt)	bardāštan	برداشتن
prendre en note	neveštan	نوشتن
prendre le petit déjeuner	sobhāne xordan	صبحانه خوردن
préparer (le dîner)	poxtan	پختن
prévoir (vt)	pišbini kardan	پیش بینی کردن
prier (~ Dieu)	do'ā kardan	دعا کردن
promettre (vt)	qowl dādan	قول دادن
prononcer (vt)	talaffoz kardan	تلفظ کردن
proposer (vt)	pišnahād dādan	پیشنهاد دادن
punir (vt)	tanbih kardan	تنبیه کردن

13. Les verbes les plus importants. Partie 4

recommander (vt)	towsie kardan	توصیه کردن
regretter (vt)	afsus xordan	افسوس خوردن

répéter (dire encore)	tekrār kardan	تکرار کردن
répondre (vi, vt)	javāb dādan	جواب دادن
réserver (une chambre)	rezerv kardan	رزرو کردن
rester silencieux	sāket māndan	ساکت ماندن
réunir (regrouper)	mottahed kardan	متحد کردن
rire (vi)	xandidan	خندیدن
s'arrêter (vp)	motevaghef šhodan	متوقف شدن
s'asseoir (vp)	nešastan	نشستن
sauver (la vie à qn)	najāt dādan	نجات دادن
savoir (qch)	dānestan	دانستن
se baigner (vp)	ābtani kardan	آبتنی کردن
se plaindre (vp)	šekāyat kardan	شکایت کردن
se refuser (vp)	rad kardan	رد کردن
se tromper (vp)	eštebāh kardan	اشتباه کردن
se vanter (vp)	be rox kešidan	به رخ کشیدن
s'étonner (vp)	mote'ajjeb šodan	متعجب شدن
s'excuser (vp)	ozr xāstan	عذر خواستن
signer (vt)	emzā kardan	امضا کردن
signifier (vt)	ma'ni dāštan	معنی داشتن
s'intéresser (vp)	alāqe dāštan	علاقه داشتن
sortir (aller dehors)	birun raftan	بیرون رفتن
sourire (vi)	labxand zadan	لبخند زدن
sous-estimer (vt)	dast-e kam gereftan	دست کم گرفتن
suivre ... (suivez-moi)	donbāl kardan	دنبال کردن
tirer (vi)	tirandāzi kardan	تیراندازی کردن
tomber (vi)	oftādan	افتادن
toucher (avec les mains)	lams kardan	لمس کردن
tourner (~ à gauche)	pičidan	پیچیدن
traduire (vt)	tarjome kardan	ترجمه کردن
travailler (vi)	kār kardan	کار کردن
tromper (vt)	farib dādan	فریب دادن
trouver (vt)	peydā kardan	پیدا کردن
tuer (vt)	koštan	کشتن
vendre (vt)	foruxtan	فروختن
venir (vi)	residan	رسیدن
voir (vt)	didan	دیدن
voler (avion, oiseau)	parvāz kardan	پرواز کردن
voler (qch à qn)	dozdidan	دزدیدن
vouloir (vt)	xāstan	خواستن

14. Les couleurs

couleur (f)	rang	رنگ
teinte (f)	teyf-e rang	طیف رنگ
ton (m)	rangmaye	رنگمایه
arc-en-ciel (m)	rangin kamān	رنگین کمان
blanc (adj)	sefid	سفید

noir (adj)	siyāh	سیاه
gris (adj)	xākestari	خاکستری
vert (adj)	sabz	سبز
jaune (adj)	zard	زرد
rouge (adj)	sorx	سرخ
bleu (adj)	abi	آبی
bleu clair (adj)	ābi rowšan	آبی روشن
rose (adj)	surati	صورتی
orange (adj)	nārenji	نارنجی
violet (adj)	banafš	بنفش
brun (adj)	qahve i	قهوه ای
d'or (adj)	talāyi	طلایی
argenté (adj)	noqre i	نقره ای
beige (adj)	baž	بژ
crème (adj)	kerem	کرم
turquoise (adj)	firuze i	فیروزه ای
rouge cerise (adj)	ālbāluyi	آلبالویی
lilas (adj)	banafš yasi	بنفش یاسی
framboise (adj)	zereški	زرشکی
clair (adj)	rowšan	روشن
foncé (adj)	tire	تیره
vif (adj)	rowšan	روشن
de couleur (adj)	rangi	رنگی
en couleurs (adj)	rangi	رنگی
noir et blanc (adj)	siyāh-o sefid	سیاه و سفید
unicolore (adj)	yek rang	یک رنگ
multicolore (adj)	rangārang	رنگارنگ

15. Les questions

Qui?	če kas-i?	چه کسی؟
Quoi?	če čiz-i?	چه چیزی؟
Où? (~ es-tu?)	kojā?	کجا؟
Où? (~ vas-tu?)	kojā?	کجا؟
D'où?	az kojā?	از کجا؟
Quand?	če vaqt?	چه وقت؟
Pourquoi? (~ es-tu venu?)	čerā?	چرا؟
Pourquoi? (~ t'es pâle?)	čerā?	چرا؟
À quoi bon?	barā-ye če?	برای چه؟
Comment?	četor?	چطور؟
Quel? (à ~ prix?)	kodām?	کدام؟
Lequel?	kodām?	کدام؟
À qui? (pour qui?)	barā-ye ki?	برای کی؟
De qui?	dar bāre-ye ki?	درباره کی؟
De quoi?	darbāre-ye či?	درباره چی؟
Avec qui?	bā ki?	با کی؟

| Combien? | čeqadr? | چقدر؟ |
| À qui? | māl-e ki? | مال کی؟ |

16. Les prépositions

avec (~ toi)	bā	با
sans (~ sucre)	bedune	بدون
à (aller ~ ...)	be	به
de (au sujet de)	rāje' be	راجع به
avant (~ midi)	piš az	پیش از
devant (~ la maison)	dar moqābel	در مقابل
sous (~ la commode)	zir	زیر
au-dessus de ...	bālā-ye	بالای
sur (dessus)	ruy	روی
de (venir ~ Paris)	az	از
en (en bois, etc.)	az	از
dans (~ deux heures)	tā	تا
par dessus	az bālāye	از بالای

17. Les mots-outils. Les adverbes. Partie 1

Où? (~ es-tu?)	kojā?	کجا؟
ici (c'est ~)	in jā	این جا
là-bas (c'est ~)	ānjā	آنجا
quelque part (être)	jā-yi	جایی
nulle part (adv)	hič kojā	هیچ کجا
près de ...	nazdik	نزدیک
près de la fenêtre	nazdik panjere	نزدیک پنجره
Où? (~ vas-tu?)	kojā?	کجا؟
ici (Venez ~)	in jā	این جا
là-bas (j'irai ~)	ānjā	آنجا
d'ici (adv)	az injā	از اینجا
de là-bas (adv)	az ānjā	از آنجا
près (pas loin)	nazdik	نزدیک
loin (adv)	dur	دور
près de (~ Paris)	nazdik	نزدیک
tout près (adv)	nazdik	نزدیک
pas loin (adv)	nazdik	نزدیک
gauche (adj)	čap	چپ
à gauche (être ~)	dast-e čap	دست چپ
à gauche (tournez ~)	be čap	به چپ
droit (adj)	rāst	راست
à droite (être ~)	dast-e rāst	دست راست

à droite (tournez ~)	be rāst	به راست
devant (adv)	jelo	جلو
de devant (adj)	jelo	جلو
en avant (adv)	jelo	جلو
derrière (adv)	aqab	عقب
par derrière (adv)	az aqab	از عقب
en arrière (regarder ~)	aqab	عقب
milieu (m)	vasat	وسط
au milieu (adv)	dar vasat	در وسط
de côté (vue ~)	pahlu	پهلو
partout (adv)	hame jā	همه جا
autour (adv)	atrāf	اطراف
de l'intérieur	az daxel	از داخل
quelque part (aller)	jā-yi	جایی
tout droit (adv)	mostaqim	مستقیم
en arrière (revenir ~)	aqab	عقب
de quelque part (n'import d'où)	az har jā	از هر جا
de quelque part (on ne sait pas d'où)	az yek jā-yi	از یک جایی
premièrement (adv)	avvalan	اولاً
deuxièmement (adv)	dumā	دوما
troisièmement (adv)	sālesan	ثالثاً
soudain (adv)	nāgahān	ناگهان
au début (adv)	dar avval	در اول
pour la première fois	barā-ye avvalin bār	برای اولین بار
bien avant …	xeyli vaqt piš	خیلی وقت پیش
de nouveau (adv)	az now	از نو
pour toujours (adv)	barā-ye hamiše	برای همیشه
jamais (adv)	hič vaqt	هیچ وقت
de nouveau, encore (adv)	dobāre	دوباره
maintenant (adv)	alān	الان
souvent (adv)	aqlab	اغلب
alors (adv)	ān vaqt	آن وقت
d'urgence (adv)	foran	فوراً
d'habitude (adv)	ma'mulan	معمولاً
à propos, …	rāst-i	راستی
c'est possible	momken ast	ممکن است
probablement (adv)	ehtemālan	احتمالاً
peut-être (adv)	šāyad	شاید
en plus, …	bealāve	بعلاوه
c'est pourquoi …	be hamin xāter	به همین خاطر
malgré …	alāraqm	علیرغم
grâce à …	be lotf	به لطف
quoi (pron)	če?	چه؟
que (conj)	ke	که

quelque chose (Il m'est arrivé ~)	yek čiz-i	یک چیزی
quelque chose (peut-on faire ~)	yek kāri	یک کاری
rien (m)	hič čiz	هیچ چیز
qui (pron)	ki	کی
quelqu'un (on ne sait pas qui)	yek kas-i	یک کسی
quelqu'un (n'importe qui)	yek kas-i	یک کسی
personne (pron)	hič kas	هیچ کس
nulle part (aller ~)	hič kojā	هیچ کجا
de personne	māl-e hičkas	مال هیچ کس
de n'importe qui	har kas-i	هر کسی
comme ça (adv)	xeyli	خیلی
également (adv)	ham	هم
aussi (adv)	ham	هم

18. Les mots-outils. Les adverbes. Partie 2

Pourquoi?	čerā?	چرا؟
pour une certaine raison	be dalil-i	به دلیلی
parce que ...	čon	چون
pour une raison quelconque	barā-ye maqsudi	برای مقصودی
et (conj)	va	و
ou (conj)	yā	یا
mais (conj)	ammā	اما
pour ... (prep)	barā-ye	برای
trop (adv)	besyār	بسیار
seulement (adv)	faqat	فقط
précisément (adv)	daqiqan	دقیقا
près de ... (prep)	taqriban	تقریباً
approximativement	taqriban	تقریباً
approximatif (adj)	taqribi	تقریبی
presque (adv)	taqriban	تقریباً
reste (m)	baqiye	بقیه
l'autre (adj)	digar	دیگر
autre (adj)	digar	دیگر
chaque (adj)	har	هر
n'importe quel (adj)	har	هر
beaucoup (adv)	ziyād	زیاد
plusieurs (pron)	besyāri	بسیاری
tous	hame	همه
en échange de ...	dar avaz	در عوض
en échange (adv)	dar barābar	در برابر
à la main (adv)	dasti	دستی
peu probable (adj)	baid ast	بعید است
probablement (adv)	ehtemālan	احتمالاً

exprès (adv)	amdan	عمداً
par accident (adv)	tasādofi	تصادفی
très (adv)	besyār	بسیار
par exemple (adv)	masalan	مثلاً
entre (prep)	beyn	بین
parmi (prep)	miyān	میان
autant (adv)	in qadr	این قدر
surtout (adv)	maxsusan	مخصوصاً

Concepts de base. Partie 2

19. Les jours de la semaine

lundi (m)	došanbe	دوشنبه
mardi (m)	se šanbe	سه شنبه
mercredi (m)	čāhāršanbe	چهارشنبه
jeudi (m)	panj šanbe	پنج شنبه
vendredi (m)	jom'e	جمعه
samedi (m)	šanbe	شنبه
dimanche (m)	yek šanbe	یک شنبه
aujourd'hui (adv)	emruz	امروز
demain (adv)	fardā	فردا
après-demain (adv)	pas fardā	پس فردا
hier (adv)	diruz	دیروز
avant-hier (adv)	pariruz	پریروز
jour (m)	ruz	روز
jour (m) ouvrable	ruz-e kāri	روز کاری
jour (m) férié	ruz-e jašn	روز جشن
jour (m) de repos	ruz-e ta'til	روز تعطیل
week-end (m)	āxar-e hafte	آخر هفته
toute la journée	tamām-e ruz	تمام روز
le lendemain	ruz-e ba'd	روز بعد
il y a 2 jours	do ruz-e piš	دو روز پیش
la veille	ruz-e qabl	روز قبل
quotidien (adj)	ruzāne	روزانه
tous les jours	har ruz	هر روز
semaine (f)	hafte	هفته
la semaine dernière	hafte-ye gozašte	هفته گذشته
la semaine prochaine	hafte-ye āyande	هفته آینده
hebdomadaire (adj)	haftegi	هفتگی
chaque semaine	har hafte	هر هفته
2 fois par semaine	do bār dar hafte	دو بار درهفته
tous les mardis	har sešanbe	هر سه شنبه

20. Les heures. Le jour et la nuit

matin (m)	sobh	صبح
le matin	sobh	صبح
midi (m)	zohr	ظهر
dans l'après-midi	ba'd az zohr	بعد ازظهر
soir (m)	asr	عصر
le soir	asr	عصر

nuit (f)	šab	شب
la nuit	šab	شب
minuit (f)	nesfe šab	نصفه شب
seconde (f)	sānie	ثانیه
minute (f)	daqiqe	دقیقه
heure (f)	sā'at	ساعت
demi-heure (f)	nim sā'at	نیم ساعت
un quart d'heure	yek rob'	یک ربع
quinze minutes	pānzdah daqiqe	پانزده دقیقه
vingt-quatre heures	šabāne ruz	شبانه روز
lever (m) du soleil	tolu-'e āftāb	طلوع آفتاب
aube (f)	sahar	سحر
point (m) du jour	sobh-e zud	صبح زود
coucher (m) du soleil	qorub	غروب
tôt le matin	sobh-e zud	صبح زود
ce matin	emruz sobh	امروز صبح
demain matin	fardā sobh	فردا صبح
cet après-midi	emruz zohr	امروز ظهر
dans l'après-midi	ba'd az zohr	بعد از ظهر
demain après-midi	fardā ba'd az zohr	فردا بعد از ظهر
ce soir	emšab	امشب
demain soir	fardā šab	فردا شب
à 3 heures précises	sar-e sā'at-e se	سر ساعت ۳
autour de 4 heures	nazdik-e sā'at-e čāhār	نزدیک ساعت ۴
vers midi	nazdik zohr	نزدیک ظهر
dans 20 minutes	bist daqiqe-ye digar	۲۰ دقیقه دیگر
dans une heure	yek sā'at-e digar	یک ساعت دیگر
à temps	be moqe'	به موقع
... moins le quart	yek rob' be	یک ربع به
en une heure	yek sā'at-e digar	یک ساعت دیگر
tous les quarts d'heure	har pānzdah daqiqe	هر ۱۵ دقیقه
24 heures sur 24	šabāne ruz	شبانه روز

21. Les mois. Les saisons

janvier (m)	žānvie	ژانویه
février (m)	fevriye	فوریه
mars (m)	mārs	مارس
avril (m)	āvril	آوریل
mai (m)	meh	مه
juin (m)	žuan	ژوئن
juillet (m)	žuiye	ژوئیه
août (m)	owt	اوت
septembre (m)	septāmbr	سپتامبر
octobre (m)	oktobr	اکتبر

novembre (m)	novāmbr	نوامبر
décembre (m)	desāmr	دسامبر
printemps (m)	bahār	بهار
au printemps	dar bahār	در بهار
de printemps (adj)	bahāri	بهاری
été (m)	tābestān	تابستان
en été	dar tābestān	در تابستان
d'été (adj)	tābestāni	تابستانی
automne (m)	pāyiz	پاییز
en automne	dar pāyiz	در پاییز
d'automne (adj)	pāyizi	پاییزی
hiver (m)	zemestān	زمستان
en hiver	dar zemestān	در زمستان
d'hiver (adj)	zemestāni	زمستانی
mois (m)	māh	ماه
ce mois	in māh	این ماه
le mois prochain	māh-e āyande	ماه آینده
le mois dernier	māh-e gozašte	ماه گذشته
il y a un mois	yek māh qabl	یک ماه قبل
dans un mois	yek māh digar	یک ماه دیگر
dans 2 mois	do māh-e digar	۲ ماه دیگر
tout le mois	tamām-e māh	تمام ماه
tout un mois	tamām-e māh	تمام ماه
mensuel (adj)	māhāne	ماهانه
mensuellement	māhāne	ماهانه
chaque mois	har māh	هر ماه
2 fois par mois	do bār dar māh	دو بار در ماه
année (f)	sāl	سال
cette année	emsāl	امسال
l'année prochaine	sāl-e āyande	سال آینده
l'année dernière	sāl-e gozašte	سال گذشته
il y a un an	yek sāl qabl	یک سال قبل
dans un an	yek sāl-e digar	یک سال دیگر
dans 2 ans	do sāl-e digar	۲ سال دیگر
toute l'année	tamām-e sāl	تمام سال
toute une année	tamām-e sāl	تمام سال
chaque année	har sāl	هر سال
annuel (adj)	sālāne	سالانه
annuellement	sālāne	سالانه
4 fois par an	čahār bār dar sāl	چهار بار در سال
date (f) (jour du mois)	tārix	تاریخ
date (f) (~ mémorable)	tārix	تاریخ
calendrier (m)	taqvim	تقویم
six mois	nim sāl	نیم سال
semestre (m)	nim sāl	نیم سال

| saison (f) | fasl | فصل |
| siècle (m) | qarn | قرن |

22. Les unités de mesure

poids (m)	vazn	وزن
longueur (f)	tul	طول
largeur (f)	arz	عرض
hauteur (f)	ertefā'	ارتفاع
profondeur (f)	omq	عمق
volume (m)	hajm	حجم
aire (f)	masāhat	مساحت

gramme (m)	garm	گرم
milligramme (m)	mili geram	میلی گرم
kilogramme (m)	kilugeram	کیلوگرم
tonne (f)	ton	تن
livre (f)	pond	پوند
once (f)	ons	اونس

mètre (m)	metr	متر
millimètre (m)	mili metr	میلی متر
centimètre (m)	sāntimetr	سانتیمتر
kilomètre (m)	kilumetr	کیلومتر
mille (m)	māyel	مایل

pouce (m)	inč	اینچ
pied (m)	fowt	فوت
yard (m)	yārd	یارد

| mètre (m) carré | metr morabba' | متر مربع |
| hectare (m) | hektār | هکتار |

litre (m)	litr	لیتر
degré (m)	daraje	درجه
volt (m)	volt	ولت
ampère (m)	āmper	آمپر
cheval-vapeur (m)	asb-e boxār	اسب بخار

quantité (f)	meqdār	مقدار
un peu de …	kami	کمی
moitié (f)	nim	نیم

| douzaine (f) | dojin | دوجین |
| pièce (f) | tā | تا |

| dimension (f) | andāze | اندازه |
| échelle (f) (de la carte) | meqyās | مقیاس |

minimal (adj)	haddeaqal	حداقل
le plus petit (adj)	kučaktarin	کوچکترین
moyen (adj)	motevasset	متوسط
maximal (adj)	haddeaksar	حداکثر
le plus grand (adj)	bištarin	بیشترین

23. Les récipients

bocal (m) en verre	šišeh konserv	شیشه کنسرو
boîte, canette (f)	quti	قوطی
seau (m)	satl	سطل
tonneau (m)	boške	بشکه
bassine, cuvette (f)	tašt	تشت
cuve (f)	maxzan	مخزن
flasque (f)	qomqome	قمقمه
jerrican (m)	dabbe	دبه
citerne (f)	maxzan	مخزن
tasse (f), mug (m)	livān	لیوان
tasse (f)	fenjān	فنجان
soucoupe (f)	na'lbeki	نعلبکی
verre (m) (~ d'eau)	estekān	استکان
verre (m) à vin	gilās-e šarāb	گیلاس شراب
faitout (m)	qāblame	قابلمه
bouteille (f)	botri	بطری
goulot (m)	gardan-e botri	گردن بطری
carafe (f)	tong	تنگ
pichet (m)	pārč	پارچ
récipient (m)	zarf	ظرف
pot (m)	sofāl	سفال
vase (m)	goldān	گلدان
flacon (m)	botri	بطری
fiole (f)	viyāl	ویال
tube (m)	tiyub	تیوب
sac (m) (grand ~)	kise	کیسه
sac (m) (~ en plastique)	pākat	پاکت
paquet (m) (~ de cigarettes)	baste	بسته
boîte (f)	ja'be	جعبه
caisse (f)	sanduq	صندوق
panier (m)	sabad	سبد

L'HOMME

L'homme. Le corps humain

24. La tête

tête (f)	sar	سر
visage (m)	surat	صورت
nez (m)	bini	بینی
bouche (f)	dahān	دهان
œil (m)	češm	چشم
les yeux	češm-hā	چشم ها
pupille (f)	mardomak	مردمک
sourcil (m)	abru	ابرو
cil (m)	može	مژه
paupière (f)	pelek	پلک
langue (f)	zabān	زبان
dent (f)	dandān	دندان
lèvres (f pl)	lab-hā	لب ها
pommettes (f pl)	ostexānhā-ye gune	استخوان های گونه
gencive (f)	lase	لثه
palais (m)	saqf-e dahān	سقف دهان
narines (f pl)	surāxhā-ye bini	سوراخ های بینی
menton (m)	čāne	چانه
mâchoire (f)	fak	فک
joue (f)	gune	گونه
front (m)	pišāni	پیشانی
tempe (f)	gijgāh	گیجگاه
oreille (f)	guš	گوش
nuque (f)	pas gardan	پس گردن
cou (m)	gardan	گردن
gorge (f)	galu	گلو
cheveux (m pl)	mu-hā	مو ها
coiffure (f)	model-e mu	مدل مو
coupe (f)	model-e mu	مدل مو
perruque (f)	kolāh-e gis	کلاه گیس
moustache (f)	sebil	سبیل
barbe (f)	riš	ریش
porter (~ la barbe)	gozāštan	گذاشتن
tresse (f)	muy-ye bāfte	موی بافته
favoris (m pl)	xatt-e riš	خط ریش
roux (adj)	muqermez	موقرمز
gris, grisonnant (adj)	sefid-e mu	سفید مو

chauve (adj)	tās	طاس
calvitie (f)	tāsi	طاسی
queue (f) de cheval	dom-e asbi	دم اسبی
frange (f)	čatri	چتری

25. Le corps humain

main (f)	dast	دست
bras (m)	bāzu	بازو
doigt (m)	angošt	انگشت
orteil (m)	šast-e pā	شست پا
pouce (m)	šost	شست
petit doigt (m)	angošt-e kučak	انگشت کوچک
ongle (m)	nāxon	ناخن
poing (m)	mošt	مشت
paume (f)	kaf-e dast	کف دست
poignet (m)	moč-e dast	مچ دست
avant-bras (m)	sā'ed	ساعد
coude (m)	āranj	آرنج
épaule (f)	ketf	کتف
jambe (f)	pā	پا
pied (m)	pā	پا
genou (m)	zānu	زانو
mollet (m)	sāq	ساق
hanche (f)	rān	ران
talon (m)	pāšne-ye pā	پاشنۀ پا
corps (m)	badan	بدن
ventre (m)	šekam	شکم
poitrine (f)	sine	سینه
sein (m)	sine	سینه
côté (m)	pahlu	پهلو
dos (m)	pošt	پشت
reins (région lombaire)	kamar	کمر
taille (f) (~ de guêpe)	dur-e kamar	دور کمر
nombril (m)	nāf	ناف
fesses (f pl)	nešiman-e gāh	نشیمن گاه
derrière (m)	bāsan	باسن
grain (m) de beauté	xāl	خال
tache (f) de vin	xāl-e mādarzād	خال مادرزاد
tatouage (m)	xāl kubi	خال کوبی
cicatrice (f)	jā-ye zaxm	جای زخم

Les vêtements & les accessoires

26. Les vêtements d'extérieur

vêtement (m)	lebās	لباس
survêtement (m)	lebās-e ru	لباس رو
vêtement (m) d'hiver	lebās-e zemestāni	لباس زمستانی
manteau (m)	pāltow	پالتو
manteau (m) de fourrure	pālto-ye pustin	پالتوی پوستین
veste (f) de fourrure	kot-e pustin	کت پوستین
manteau (m) de duvet	kāpšan	کاپشن
veste (f) (~ en cuir)	kot	کت
imperméable (m)	bārāni	بارانی
imperméable (adj)	zed-e āb	ضد آب

27. Men's & women's clothing

chemise (f)	pirāhan	پیراهن
pantalon (m)	šalvār	شلوار
jean (m)	jin	جین
veston (m)	kot	کت
complet (m)	kat-o šalvār	کت و شلوار
robe (f)	lebās	لباس
jupe (f)	dāman	دامن
chemisette (f)	boluz	بلوز
veste (f) en laine	jeliqe ye kešbāf	جلیقه کشباف،
jaquette (f), blazer (m)	kot	کت
tee-shirt (m)	tey šarr-at	تی شرت
short (m)	šalvarak	شلوارک
costume (m) de sport	lebās-e varzeši	لباس ورزشی
peignoir (m) de bain	howle-ye hamām	حوله حمام
pyjama (m)	pižāme	پیژامه
chandail (m)	poliver	پلیور
pull-over (m)	poliver	پلیور
gilet (m)	jeliqe	جلیقه
queue-de-pie (f)	kat-e dāman gerd	کت دامن گرد
smoking (m)	esmoking	اسموکینگ
uniforme (m)	oniform	اونیفورم
tenue (f) de travail	lebās-e kār	لباس کار
salopette (f)	rupuš	روپوش
blouse (f) (d'un médecin)	rupuš	روپوش

28. Les sous-vêtements

sous-vêtements (m pl)	lebās-e zir	لباس زیر
boxer (m)	šort-e bākser	شورت باکسر
slip (m) de femme	šort-e zanāne	شورت زنانه
maillot (m) de corps	zir-e pirāhan-i	زیر پیراهنی
chaussettes (f pl)	jurāb	جوراب
chemise (f) de nuit	lebās-e xāb	لباس خواب
soutien-gorge (m)	sine-ye band	سینه بند
chaussettes (f pl) hautes	sāq	ساق
collants (m pl)	jurāb-e šalvāri	جوراب شلواری
bas (m pl)	jurāb-e sāqeboland	جوراب ساقه بلند
maillot (m) de bain	māyo	مایو

29. Les chapeaux

chapeau (m)	kolāh	کلاه
chapeau (m) feutre	šāpo	شاپو
casquette (f) de base-ball	kolāh beysbāl	کلاه بیس بال
casquette (f)	kolāh-e taxt	کلاه تخت
béret (m)	kolāh barre	کلاه بره
capuche (f)	kolāh-e bārāni	کلاه بارانی
panama (m)	kolāh-e dowre-ye boland	کلاه دوره بلند
bonnet (m) de laine	kolāh-e bāftani	کلاه بافتنی
foulard (m)	rusari	روسری
chapeau (m) de femme	kolāh-e zanāne	کلاه زنانه
casque (m) (d'ouvriers)	kolāh-e imeni	کلاه ایمنی
calot (m)	kolāh-e pādegān	کلاه پادگان
casque (m) (~ de moto)	kolāh-e imeni	کلاه ایمنی
melon (m)	kolāh-e namadi	کلاه نمدی
haut-de-forme (m)	kolāh-e ostovānei	کلاه استوانه ای

30. Les chaussures

chaussures (f pl)	kafš	کفش
bottines (f pl)	putin	پوتین
souliers (m pl) (~ plats)	kafš	کفش
bottes (f pl)	čakme	چکمه
chaussons (m pl)	dampāyi	دمپایی
tennis (m pl)	kafš katān-i	کفش کتانی
baskets (f pl)	kafš katān-i	کفش کتانی
sandales (f pl)	sandal	صندل
cordonnier (m)	kaffāš	کفاش
talon (m)	pāšne-ye kafš	پاشنهٔ کفش

paire (f)	yek joft	یک جفت
lacet (m)	band-e kafš	بند کفش
lacer (vt)	band-e kafš bastan	بند کفش بستن
chausse-pied (m)	pāšne keš	پاشنه کش
cirage (m)	vāks	واکس

31. Les accessoires personnels

gants (m pl)	dastkeš	دستکش
moufles (f pl)	dastkeš-e yek angošti	دستکش یک انگشتی
écharpe (f)	šāl-e gardan	شال گردن
lunettes (f pl)	eynak	عینک
monture (f)	qāb	قاب
parapluie (m)	čatr	چتر
canne (f)	asā	عصا
brosse (f) à cheveux	bores-e mu	برس مو
éventail (m)	bādbezan	بادبزن
cravate (f)	kerāvāt	کراوات
nœud papillon (m)	pāpiyon	پاپیون
bretelles (f pl)	band šalvār	بند شلوار
mouchoir (m)	dastmāl	دستمال
peigne (m)	šāne	شانه
barrette (f)	sanjāq-e mu	سنجاق مو
épingle (f) à cheveux	sanjāq-e mu	سنجاق مو
boucle (f)	sagak	سگک
ceinture (f)	kamarband	کمربند
bandoulière (f)	tasme	تسمه
sac (m)	keyf	کیف
sac (m) à main	keyf-e zanāne	کیف زنانه
sac (m) à dos	kulo pošti	کولهٔ پشتی

32. Les vêtements. Divers

mode (f)	mod	مد
à la mode (adj)	mod	مد
couturier, créateur de mode	tarrāh-e lebas	طراح لباس
col (m)	yaqe	یقه
poche (f)	jib	جیب
de poche (adj)	jibi	جیبی
manche (f)	āstin	آستین
bride (f)	band-e āviz	بند آویز
braguette (f)	zip	زیپ
fermeture (f) à glissière	zip	زیپ
agrafe (f)	sagak	سگک
bouton (m)	dokme	دکمه

boutonnière (f)	surāx-e dokme	سوراخ دکمه
s'arracher (bouton)	kande šodan	کنده شدن

coudre (vi, vt)	duxtan	دوختن
broder (vt)	golduzi kardan	گلدوزی کردن
broderie (f)	golduzi	گلدوزی
aiguille (f)	suzan	سوزن
fil (m)	nax	نخ
couture (f)	darz	درز

se salir (vp)	kasif šodan	کثیف شدن
tache (f)	lakke	لکه
se froisser (vp)	čoruk šodan	چروک شدن
déchirer (vt)	pāre kardan	پاره کردن
mite (f)	šab parre	شب پره

33. L'hygiène corporelle. Les cosmétiques

dentifrice (m)	xamir-e dandān	خمیر دندان
brosse (f) à dents	mesvāk	مسواک
se brosser les dents	mesvāk zadan	مسواک زدن

rasoir (m)	tiq	تیغ
crème (f) à raser	kerem-e riš tarāši	کرم ریش تراشی
se raser (vp)	riš tarāšidan	ریش تراشیدن

savon (m)	sābun	صابون
shampooing (m)	šāmpu	شامپو

ciseaux (m pl)	qeyči	قیچی
lime (f) à ongles	sohan-e nāxon	سوهان ناخن
pinces (f pl) à ongles	nāxon gir	ناخن گیر
pince (f) à épiler	mučin	موچین

produits (m pl) de beauté	lavāzem-e ārāyeši	لوازم آرایشی
masque (m) de beauté	māsk	ماسک
manucure (f)	mānikur	مانیکور
se faire les ongles	mānikur kardan	مانیکور کردن
pédicurie (f)	pedikur	پدیکور

trousse (f) de toilette	kife lavāzem-e ārāyeši	کیف لوازم آرایشی
poudre (f)	pudr	پودر
poudrier (m)	ja'be-ye pudr	جعبهٔ پودر
fard (m) à joues	sorxāb	سرخاب

parfum (m)	atr	عطر
eau (f) de toilette	atr	عطر
lotion (f)	losiyon	لوسیون
eau de Cologne (f)	odkolon	اودکلن

fard (m) à paupières	sāye-ye češm	سایه چشم
crayon (m) à paupières	medād čašm	مداد چشم
mascara (m)	rimel	ریمل
rouge (m) à lèvres	mātik	ماتیک

vernis (m) à ongles	lāk-e nāxon	لاک ناخن
laque (f) pour les cheveux	esperey-ye mu	اسپری مو
déodorant (m)	deodyrant	دئودورانت
crème (f)	kerem	کرم
crème (f) pour le visage	kerem-e surat	کرم صورت
crème (f) pour les mains	kerem-e dast	کرم دست
crème (f) anti-rides	kerem-e zedd-e čoruk	کرم ضد چروک
crème (f) de jour	kerem-e ruz	کرم روز
crème (f) de nuit	kerem-e šab	کرم شب
de jour (adj)	ruzāne	روزانه
de nuit (adj)	šab	شب
tampon (m)	tāmpon	تامپون
papier (m) de toilette	kāqaz-e tuālet	کاغذ توالت
sèche-cheveux (m)	sešovār	سشوار

34. Les montres. Les horloges

montre (f)	sā'at-e moči	ساعت مچی
cadran (m)	safhe-ye sā'at	صفحهٔ ساعت
aiguille (f)	aqrabe	عقربه
bracelet (m)	band-e sāat	بند ساعت
bracelet (m) (en cuir)	band-e čarmi	بند چرمی
pile (f)	bātri	باطری
être déchargé	tamām šodan bātri	تمام شدن باطری
changer de pile	bātri avaz kardan	باطری عوض کردن
avancer (vi)	jelo oftādan	جلو افتادن
retarder (vi)	aqab māndan	عقب ماندن
pendule (f)	sā'at-e divāri	ساعت دیواری
sablier (m)	sā'at-e šeni	ساعت شنی
cadran (m) solaire	sā'at-e āftābi	ساعت آفتابی
réveil (m)	cā'at o zang dār	ساعت زنگ دار
horloger (m)	sā'at sāz	ساعت ساز
réparer (vt)	ta'mir kardan	تعمیر کردن

Les aliments. L'alimentation

35. Les aliments

viande (f)	gušt	گوشت
poulet (m)	morq	مرغ
poulet (m) (poussin)	juje	جوجه
canard (m)	ordak	اردک
oie (f)	qāz	غاز
gibier (m)	gušt-e šekār	گوشت شکار
dinde (f)	gušt-e buqalamun	گوشت بوقلمون
du porc	gušt-e xuk	گوشت خوک
du veau	gušt-e gusāle	گوشت گوساله
du mouton	gušt-e gusfand	گوشت گوسفند
du bœuf	gušt-e gāv	گوشت گاو
lapin (m)	xarguš	خرگوش
saucisson (m)	kālbās	کالباس
saucisse (f)	sosis	سوسیس
bacon (m)	beykon	بیکن
jambon (m)	žāmbon	ژامبون
cuisse (f)	rān xuk	ران خوک
pâté (m)	pāte	پاته
foie (m)	jegar	جگر
farce (f)	hamberger	همبرگر
langue (f)	zabān	زبان
œuf (m)	toxm-e morq	تخم مرغ
les œufs	toxm-e morq-ha	تخم مرغ ها
blanc (m) d'œuf	sefide-ye toxm-e morq	سفیده تخم مرغ
jaune (m) d'œuf	zarde-ye toxm-e morq	زرده تخم مرغ
poisson (m)	māhi	ماهی
fruits (m pl) de mer	qazā-ye daryāyi	غذای دریایی
crustacés (m pl)	saxtpustān	سختپوستان
caviar (m)	xāviār	خاویار
crabe (m)	xarčang	خرچنگ
crevette (f)	meygu	میگو
huître (f)	sadaf-e xorāki	صدف خوراکی
langoustine (f)	xarčang-e xārdār	خرچنگ خاردار
poulpe (m)	hašt pā	هشت پا
calamar (m)	māhi-ye morakkab	ماهی مرکب
esturgeon (m)	māhi-ye xāviār	ماهی خاویار
saumon (m)	māhi-ye salemon	ماهی سالمون
flétan (m)	halibut	هالیبوت
morue (f)	māhi-ye rowqan	ماهی روغن

maquereau (m)	māhi-ye esqumeri	ماهی اسقومری
thon (m)	tan māhi	تن ماهی
anguille (f)	mārmāhi	مارماهی
truite (f)	māhi-ye qezelālā	ماهی قزل آلا
sardine (f)	sārdin	ساردین
brochet (m)	ordak māhi	اردک ماهی
hareng (m)	māhi-ye šur	ماهی شور
pain (m)	nān	نان
fromage (m)	panir	پنیر
sucre (m)	qand	قند
sel (m)	namak	نمک
riz (m)	berenj	برنج
pâtes (m pl)	mākāroni	ماکارونی
nouilles (f pl)	rešte-ye farangi	رشته فرنگی
beurre (m)	kare	کره
huile (f) végétale	rowqan-e nabāti	روغن نباتی
huile (f) de tournesol	rowqan āftābgardān	روغن آفتاب گردان
margarine (f)	mārgārin	مارگارین
olives (f pl)	zeytun	زیتون
huile (f) d'olive	rowqan-e zeytun	روغن زیتون
lait (m)	šir	شیر
lait (m) condensé	šir-e čegāl	شیر چگال
yogourt (m)	mās-at	ماست
crème (f) aigre	xāme-ye torš	خامۀ ترش
crème (f) (de lait)	saršir	سرشیر
sauce (f) mayonnaise	māyonez	مایونز
crème (f) au beurre	xāme	خامه
gruau (m)	hobubāt	حبوبات
farine (f)	ārd	آرد
conserves (f pl)	konserv-hā	کنسرو ها
pétales (m pl) de maïs	bereštuk	برشتوک
miel (m)	asal	عسل
confiture (f)	morabbā	مربا
gomme (f) à mâcher	ādāms	آدامس

36. Les boissons

eau (f)	āb	آب
eau (f) potable	āb-e āšāmidani	آب آشامیدنی
eau (f) minérale	āb-e ma'dani	آب معدنی
plate (adj)	bedun-e gāz	بدون گاز
gazeuse (l'eau ~)	gāzdār	گازدار
pétillante (adj)	gāzdār	گازدار
glace (f)	yax	یخ

avec de la glace	yax dār	یخ دار
sans alcool	bi alkol	بی الکل
boisson (f) non alcoolisée	nušābe-ye bi alkol	نوشابۀ بی الکل
rafraîchissement (m)	nušābe-ye xonak	نوشابۀ خنک
limonade (f)	limunād	لیموناد
boissons (f pl) alcoolisées	mašrubāt-e alkoli	مشروبات الکلی
vin (m)	šarāb	شراب
vin (m) blanc	šarāb-e sefid	شراب سفید
vin (m) rouge	šarāb-e sorx	شراب سرخ
liqueur (f)	likor	لیکور
champagne (m)	šāmpāyn	شامپاین
vermouth (m)	vermut	ورموت
whisky (m)	viski	ویسکی
vodka (f)	vodkā	ودکا
gin (m)	jin	جین
cognac (m)	konyāk	کنیاک
rhum (m)	araq-e neyšekar	عرق نیشکر
café (m)	qahve	قهوه
café (m) noir	qahve-ye talx	قهوۀ تلخ
café (m) au lait	šir-qahve	شیرقهوه
cappuccino (m)	kāpočino	کاپوچینو
café (m) soluble	qahve-ye fowri	قهوه فوری
lait (m)	šir	شیر
cocktail (m)	kuktel	کوکتل
cocktail (m) au lait	kuktele šir	کوکتل شیر
jus (m)	āb-e mive	آب میوه
jus (m) de tomate	āb-e gowjefarangi	آب گوجه فرنگی
jus (m) d'orange	āb-e porteqāl	آب پرتقال
jus (m) pressé	āb-e mive-ye taze	آب میوۀ تازه
bière (f)	ābejow	آبجو
bière (f) blonde	ābejow-ye sabok	آبجوی سبک
bière (f) brune	ābejow-ye tire	آبجوی تیره
thé (m)	čāy	چای
thé (m) noir	čāy-e siyāh	چای سیاه
thé (m) vert	čāy-e sabz	چای سبز

37. Les légumes

légumes (m pl)	sabzijāt	سبزیجات
verdure (f)	sabzi	سبزی
tomate (f)	gowje farangi	گوجه فرنگی
concombre (m)	xiyār	خیار
carotte (f)	havij	هویج
pomme (f) de terre	sib zamini	سیب زمینی
oignon (m)	piyāz	پیاز

ail (m)	sir	سیر
chou (m)	kalam	کلم
chou-fleur (m)	gol kalam	گل کلم
chou (m) de Bruxelles	koll-am boruksel	کلم بروکسل
brocoli (m)	kalam borokli	کلم بروکلی
betterave (f)	čoqondar	چغندر
aubergine (f)	bādenjān	بادنجان
courgette (f)	kadu sabz	کدو سبز
potiron (m)	kadu tanbal	کدو تنبل
navet (m)	šalqam	شلغم
persil (m)	ja'fari	جعفری
fenouil (m)	šavid	شوید
laitue (f) (salade)	kāhu	کاهو
céleri (m)	karafs	کرفس
asperge (f)	mārčube	مارچوبه
épinard (m)	esfenāj	اسفناج
pois (m)	noxod	نخود
fèves (f pl)	lubiyā	لوبیا
maïs (m)	zorrat	ذرت
haricot (m)	lubiyā qermez	لوبیا قرمز
poivron (m)	felfel	فلفل
radis (m)	torobče	تربچه
artichaut (m)	kangar farangi	کنگرفرنگی

38. Les fruits. Les noix

fruit (m)	mive	میوه
pomme (f)	sib	سیب
poire (f)	golābi	گلابی
citron (m)	limu	لیمو
orange (f)	porteqāl	پرتقال
fraise (f)	tut-e farangi	توت فرنگی
mandarine (f)	nārengi	نارنگی
prune (f)	ālu	آلو
pêche (f)	holu	هلو
abricot (m)	zardālu	زردآلو
framboise (f)	tamešk	تمشک
ananas (m)	ānānās	آناناس
banane (f)	mowz	موز
pastèque (f)	hendevāne	هندوانه
raisin (m)	angur	انگور
cerise (f)	ālbālu	آلبالو
merise (f)	gilās	گیلاس
melon (m)	xarboze	خربزه
pamplemousse (m)	gerip forut	گریپ فوروت
avocat (m)	āvokādo	اووکادو
papaye (f)	pāpāyā	پاپایا

mangue (f)	anbe	انبه
grenade (f)	anār	انار
groseille (f) rouge	angur-e farangi-ye sorx	انگور فرنگی سرخ
cassis (m)	angur-e farangi-ye siyāh	انگور فرنگی سیاه
groseille (f) verte	angur-e farangi	انگور فرنگی
myrtille (f)	zoqāl axte	زغال اخته
mûre (f)	šāh tut	شاه توت
raisin (m) sec	kešmeš	کشمش
figue (f)	anjir	انجیر
datte (f)	xormā	خرما
cacahuète (f)	bādām zamin-i	بادام زمینی
amande (f)	bādām	بادام
noix (f)	gerdu	گردو
noisette (f)	fandoq	فندق
noix (f) de coco	nārgil	نارگیل
pistaches (f pl)	peste	پسته

39. Le pain. Les confiseries

confiserie (f)	širini jāt	شیرینی جات
pain (m)	nān	نان
biscuit (m)	biskuit	بیسکویت
chocolat (m)	šokolāt	شکلات
en chocolat (adj)	šokolāti	شکلاتی
bonbon (m)	āb nabāt	آب نبات
gâteau (m), pâtisserie (f)	nān-e širini	نان شیرینی
tarte (f)	širini	شیرینی
gâteau (m)	keyk	کیک
garniture (f)	čāšni	چاشنی
confiture (f)	morabbā	مربا
marmelade (f)	mārmālād	مارمالاد
gaufre (f)	vāfel	وافل
glace (f)	bastani	بستنی
pudding (m)	puding	پودینگ

40. Les plats cuisinés

plat (m)	qazā	غذا
cuisine (f)	qazā	غذا
recette (f)	dastur-e poxt	دستور پخت
portion (f)	pors	پرس
salade (f)	sālād	سالاد
soupe (f)	sup	سوپ
bouillon (m)	pāye-ye sup	پایه سوپ
sandwich (m)	sāndevič	ساندویچ

les œufs brouillés	nimru	نیمرو
hamburger (m)	hamberger	همبرگر
steak (m)	esteyk	استیک
garniture (f)	moxallafāt	مخلفات
spaghettis (m pl)	espāgeti	اسپاگتی
purée (f)	pure-ye sibi zamini	پورهٔ سیب زمینی
pizza (f)	pitzā	پیتزا
bouillie (f)	šurbā	شوربا
omelette (f)	ommol-at	املت
cuit à l'eau (adj)	āb paz	آب پز
fumé (adj)	dudi	دودی
frit (adj)	sorx šode	سرخ شده
sec (adj)	xošk	خشک
congelé (adj)	yax zade	یخ زده
mariné (adj)	torši	ترشی
sucré (adj)	širin	شیرین
salé (adj)	šur	شور
froid (adj)	sard	سرد
chaud (adj)	dāq	داغ
amer (adj)	talx	تلخ
bon (savoureux)	xoš mazze	خوش مزه
cuire à l'eau	poxtan	پختن
préparer (le dîner)	poxtan	پختن
faire frire	sorx kardan	سرخ کردن
réchauffer (vt)	garm kardan	گرم کردن
saler (vt)	namak zadan	نمک زدن
poivrer (vt)	felfel pāšidan	فلفل پاشیدن
râper (vt)	rande kardan	رنده کردن
peau (f)	pust	پوست
éplucher (vt)	pust kandan	پوست کندن

41. Les épices

sel (m)	namak	نمک
salé (adj)	šur	شور
saler (vt)	namak zadan	نمک زدن
poivre (m) noir	felfel-e siyāh	فلفل سیاه
poivre (m) rouge	felfel-e sorx	فلفل سرخ
moutarde (f)	xardal	خردل
raifort (m)	torob-e kuhi	ترب کوهی
condiment (m)	adviye	ادویه
épice (f)	adviye	ادویه
sauce (f)	ses	سس
vinaigre (m)	serke	سرکه
anis (m)	rāziyāne	رازیانه
basilic (m)	reyhān	ریحان

clou (m) de girofle	mixak	ميخک
gingembre (m)	zanjefil	زنجفيل
coriandre (m)	gešniz	گشنيز
cannelle (f)	dārčin	دارچين
sésame (m)	konjed	کنجد
feuille (f) de laurier	barg-e bu	برگ بو
paprika (m)	paprika	پاپريکا
cumin (m)	zire	زيره
safran (m)	za'ferān	زعفران

42. Les repas

nourriture (f)	qazā	غذا
manger (vi, vt)	xordan	خوردن
petit déjeuner (m)	sobhāne	صبحانه
prendre le petit déjeuner	sobhāne xordan	صبحانه خوردن
déjeuner (m)	nāhār	ناهار
déjeuner (vi)	nāhār xordan	ناهار خوردن
dîner (m)	šām	شام
dîner (vi)	šām xordan	شام خوردن
appétit (m)	eštehā	اشتها
Bon appétit!	nuš-e jān	نوش جان
ouvrir (vt)	bāz kardan	باز کردن
renverser (liquide)	rixtan	ريختن
se renverser (liquide)	rixtan	ريختن
bouillir (vi)	jušidan	جوشيدن
faire bouillir	jušāndan	جوشاندن
bouilli (l'eau ~e)	jušide	جوشيده
refroidir (vt)	sard kardan	سرد کردن
se refroidir (vp)	sard šodan	سرد شدن
goût (m)	maze	مزه
arrière-goût (m)	maze	مزه
suivre un régime	lāqar kardan	لاغر کردن
régime (m)	režim	رژيم
vitamine (f)	vitāmin	ويتامين
calorie (f)	kālori	کالری
végétarien (m)	giyāh xār	گياه خوار
végétarien (adj)	giyāh xāri	گياه خواری
lipides (m pl)	čarbi-hā	چربی ها
protéines (f pl)	porotein	پروتئين
glucides (m pl)	karbohidrāt-hā	کربو هيدرات ها
tranche (f)	qet'e	قطعه
morceau (m)	tekke	تکه
miette (f)	zarre	ذره

43. Le dressage de la table

cuillère (f)	qāšoq	قاشق
couteau (m)	kārd	کارد
fourchette (f)	čangāl	چنگال
tasse (f)	fenjān	فنجان
assiette (f)	bošqāb	بشقاب
soucoupe (f)	na'lbeki	نعلبکی
serviette (f)	dastmāl	دستمال
cure-dent (m)	xelāl-e dandān	خلال دندان

44. Le restaurant

restaurant (m)	resturān	رستوران
salon (m) de café	kāfe	کافه
bar (m)	bār	بار
salon (m) de thé	qahve xāne	قهوه خانه
serveur (m)	pišxedmat	پیشخدمت
serveuse (f)	pišxedmat	پیشخدمت
barman (m)	motesaddi-ye bār	متصدی بار
carte (f)	meno	منو
carte (f) des vins	kārt-e šarāb	کارت شراب
réserver une table	miz rezerv kardan	میز رزرو کردن
plat (m)	qazā	غذا
commander (vt)	sefāreš dādan	سفارش دادن
faire la commande	sefāreš dādan	سفارش دادن
apéritif (m)	mašrub-e piš qazā	مشروب پیش غذا
hors-d'œuvre (m)	piš qazā	پیش غذا
dessert (m)	deser	دسر
addition (f)	surat hesāb	صورت حساب
régler l'addition	surat-e hesāb rā pardāxtan	صورت حساب را پرداختن
rendre la monnaie	baqiye rā dādan	بقیه را دادن
pourboire (m)	an'ām	انعام

La famille. Les parents. Les amis

45. Les données personnelles. Les formulaires

prénom (m)	esm	اسم
nom (m) de famille	nām-e xānevādegi	نام خانوادگی
date (f) de naissance	tārix-e tavallod	تاریخ تولد
lieu (m) de naissance	mahall-e tavallod	محل تولد
nationalité (f)	melliyat	ملیت
domicile (m)	mahall-e sokunat	محل سکونت
pays (m)	kešvar	کشور
profession (f)	šoql	شغل
sexe (m)	jens	جنس
taille (f)	qad	قد
poids (m)	vazn	وزن

46. La famille. Les liens de parenté

mère (f)	mādar	مادر
père (m)	pedar	پدر
fils (m)	pesar	پسر
fille (f)	doxtar	دختر
fille (f) cadette	doxtar-e kučak	دختر کوچک
fils (m) cadet	pesar-e kučak	پسر کوچک
fille (f) aînée	doxtar-e bozorg	دختر بزرگ
fils (m) aîné	pesar-e bozorg	پسر بزرگ
frère (m)	barādar	برادر
frère (m) aîné	barādar-e bozorg	برادر بزرگ
frère (m) cadet	barādar-e kučak	برادر کوچک
sœur (f)	xāhar	خواهر
sœur (f) aînée	xāhar-e bozorg	خواهر بزرگ
sœur (f) cadette	xāhar-e kučak	خواهر کوچک
cousin (m)	pesar 'amu	پسر عمو
cousine (f)	doxtar amu	دختر عمو
maman (f)	māmān	مامان
papa (m)	bābā	بابا
parents (m pl)	vāledeyn	والدین
enfant (m, f)	kudak	کودک
enfants (pl)	bače-hā	بچه ها
grand-mère (f)	mādarbozorg	مادربزرگ
grand-père (m)	pedar-bozorg	پدربزرگ

petit-fils (m)	nave	نوه
petite-fille (f)	nave	نوه
petits-enfants (pl)	nave-hā	نوه ها
oncle (m)	amu	عمو
tante (f)	xāle yā amme	خاله یا عمه
neveu (m)	barādar-zāde	برادرزاده
nièce (f)	xāhar-zāde	خواهرزاده
belle-mère (f)	mādarzan	مادرزن
beau-père (m)	pedar-šowhar	پدرشوهر
gendre (m)	dāmād	داماد
belle-mère (f)	nāmādari	نامادری
beau-père (m)	nāpedari	ناپدری
nourrisson (m)	nowzād	نوزاد
bébé (m)	širxār	شیرخوار
petit (m)	pesar-e kučulu	پسر کوچولو
femme (f)	zan	زن
mari (m)	šowhar	شوهر
époux (m)	hamsar	همسر
épouse (f)	hamsar	همسر
marié (adj)	mote'ahhel	متاهل
mariée (adj)	mote'ahhel	متاهل
célibataire (adj)	mojarrad	مجرد
célibataire (m)	mojarrad	مجرد
divorcé (adj)	talāq gerefte	طلاق گرفته
veuve (f)	bive zan	بیوه زن
veuf (m)	bive	بیوه
parent (m)	xišāvand	خویشاوند
parent (m) proche	aqvām-e nazdik	اقوام نزدیک
parent (m) éloigné	aqvām-e dur	اقوام دور
parents (m pl)	aqvām	اقوام
orphelin (m), orpheline (f)	yatim	یتیم
tuteur (m)	qayyem	قیم
adopter (un garçon)	be pesari gereftan	به پسری گرفتن
adopter (une fille)	be doxtari gereftan	به دختری گرفتن

La médecine

47. Les maladies

maladie (f)	bimāri	بیماری
être malade	bimār budan	بیمار بودن
santé (f)	salāmati	سلامتی
rhume (m) (coryza)	āb-e rizeš-e bini	آب ریزش بینی
angine (f)	varam-e lowze	ورم لوزه
refroidissement (m)	sarmā xordegi	سرما خوردگی
prendre froid	sarmā xordan	سرما خوردن
bronchite (f)	boronšit	برنشیت
pneumonie (f)	zātorrie	ذات الریه
grippe (f)	ānfolānzā	آنفولانزا
myope (adj)	nazdik bin	نزدیک بین
presbyte (adj)	durbin	دوربین
strabisme (m)	enherāf-e čašm	انحراف چشم
strabique (adj)	luč	لوچ
cataracte (f)	āb morvārid	آب مروارید
glaucome (m)	ab-e siyāh	آب سیاه
insulte (f)	sekte-ye maqzi	سکته مغزی
crise (f) cardiaque	sekte-ye qalbi	سکته قلبی
infarctus (m) de myocarde	ānfārktus	آنفارکتوس
paralysie (f)	falaji	فلجی
paralyser (vt)	falj kardan	فلج کردن
allergie (f)	ālerži	آلرژی
asthme (m)	āsm	آسم
diabète (m)	diyābet	دیابت
mal (m) de dents	dandān-e dard	دندان درد
carie (f)	pusidegi	پوسیدگی
diarrhée (f)	eshāl	اسهال
constipation (f)	yobusat	یبوست
estomac (m) barbouillé	nārāhati-ye me'de	ناراحتی معده
intoxication (f) alimentaire	masmumiyat	مسمومیت
être intoxiqué	masmum šodan	مسموم شدن
arthrite (f)	varam-e mafāsel	ورم مفاصل
rachitisme (m)	rāšitism	راشیتیسم
rhumatisme (m)	romātism	روماتیسم
athérosclérose (f)	tasallob-e šarāin	تصلب شرائین
gastrite (f)	varam-e me'de	ورم معده
appendicite (f)	āpāndisit	آپاندیسیت

cholécystite (f)	eltehāb-e kise-ye safrā	التهاب کیسه صفرا
ulcère (m)	zaxm	زخم
rougeole (f)	sorxak	سرخک
rubéole (f)	sorxje	سرخجه
jaunisse (f)	yaraqān	یرقان
hépatite (f)	hepātit	هپاتیت
schizophrénie (f)	šizoferni	شیزوفرنی
rage (f) (hydrophobie)	hāri	هاری
névrose (f)	extelāl-e a'sāb	اختلال اعصاب
commotion (f) cérébrale	zarbe-ye maqzi	ضربه مغزی
cancer (m)	saratān	سرطان
sclérose (f)	eskeleroz	اسکلروز
sclérose (f) en plaques	eskeleroz čandgāne	اسکلروز چندگانه
alcoolisme (m)	alkolism	الکلیسم
alcoolique (m)	alkoli	الکلی
syphilis (f)	siflis	سیفلیس
SIDA (m)	eydz	ایدز
tumeur (f)	tumor	تومور
maligne (adj)	bad xim	بد خیم
bénigne (adj)	xoš xim	خوش خیم
fièvre (f)	tab	تب
malaria (f)	mālāriyā	مالاریا
gangrène (f)	qānqāriyā	قانقاریا
mal (m) de mer	daryā-zadegi	دریازدگی
épilepsie (f)	sar'	صرع
épidémie (f)	epidemi	اپیدمی
typhus (m)	hasbe	حصبه
tuberculose (f)	sel	سل
choléra (m)	vabā	وبا
peste (f)	tā'un	طاعون

48. Les symptômes. Le traitement. Partie 1

symptôme (m)	alāem-e bimāri	علائم بیماری
température (f)	damā	دما
fièvre (f)	tab	تب
pouls (m)	nabz	نبض
vertige (m)	sargije	سرگیجه
chaud (adj)	dāq	داغ
frisson (m)	ra'še	رعشه
pâle (adj)	rang paride	رنگ پریده
toux (f)	sorfe	سرفه
tousser (vi)	sorfe kardan	سرفه کردن
éternuer (vi)	atse kardan	عطسه کردن
évanouissement (m)	qaš	غش

s'évanouir (vp)	qaš kardan	غش کردن
bleu (m)	kabudi	کبودی
bosse (f)	barāmadegi	برآمدگی
se heurter (vp)	barxord kardan	برخورد کردن
meurtrissure (f)	kuftegi	کوفتگی
se faire mal	zarb didan	ضرب دیدن

boiter (vi)	langidan	لنگیدن
foulure (f)	dar raftegi	دررفتگی
se démettre (l'épaule, etc.)	dar raftan	دررفتن
fracture (f)	šekastegi	شکستگی
avoir une fracture	dočār-e šekastegi šodan	دچار شکستگی شدن

coupure (f)	boridegi	بریدگی
se couper (~ le doigt)	boridan	بریدن
hémorragie (f)	xunrizi	خونریزی

brûlure (f)	suxtegi	سوختگی
se brûler (vp)	dočār-e suxtegi šodan	دچار سوختگی شدن

se piquer (le doigt)	surāx kardan	سوراخ کردن
se piquer (vp)	surāx kardan	سوراخ کردن
blesser (vt)	āsib resāndan	آسیب رساندن
blessure (f)	zaxm	زخم
plaie (f) (blessure)	zaxm	زخم
trauma (m)	zarbe	ضربه

délirer (vi)	hazyān goftan	هذیان گفتن
bégayer (vi)	loknat dāštan	لکنت داشتن
insolation (f)	āftāb-zadegi	آفتابزدگی

49. Les symptômes. Le traitement. Partie 2

douleur (f)	dard	درد
écharde (f)	xār	خار

sueur (f)	araq	عرق
suer (vi)	araq kardan	عرق کردن
vomissement (m)	estefrāq	استفراغ
spasmes (m pl)	tašannoj	تشنج

enceinte (adj)	bārdār	باردار
naître (vi)	motevalled šodan	متولد شدن
accouchement (m)	vaz'-e haml	وضع حمل
accoucher (vi)	be donyā āvardan	به دنیا آوردن
avortement (m)	seqt-e janin	سقط جنین

respiration (f)	tanaffos	تنفس
inhalation (f)	estenšāq	استنشاق
expiration (f)	bāzdam	بازدم
expirer (vi)	bāzdamidan	بازدمیدن
inspirer (vi)	nafas kešidan	نفس کشیدن
invalide (m)	ma'lul	معلول
handicapé (m)	falaj	فلج

drogué (m)	mo'tād	معتاد
sourd (adj)	kar	کر
muet (adj)	lāl	لال
sourd-muet (adj)	kar-o lāl	کر و لال
fou (adj)	divāne	دیوانه
fou (m)	divāne	دیوانه
folle (f)	divāne	دیوانه
devenir fou	divāne šodan	دیوانه شدن
gène (m)	žen	ژن
immunité (f)	masuniyat	مصونیت
héréditaire (adj)	mowrusi	موروثی
congénital (adj)	mādarzād	مادرزاد
virus (m)	virus	ویروس
microbe (m)	mikrob	میکروب
bactérie (f)	bākteri	باکتری
infection (f)	ofunat	عفونت

50. Les symptômes. Le traitement. Partie 3

hôpital (m)	bimārestān	بیمارستان
patient (m)	bimār	بیمار
diagnostic (m)	tašxis	تشخیص
cure (f) (faire une ~)	mo'āleje	معالجه
traitement (m)	darmān	درمان
se faire soigner	darmān šodan	درمان شدن
traiter (un patient)	mo'āleje kardan	معالجه کردن
soigner (un malade)	parastāri kardan	پرستاری کردن
soins (m pl)	parastāri	پرستاری
opération (f)	amal-e jarrāhi	عمل جراحی
panser (vt)	pānsemān kardan	پانسمان کردن
pansement (m)	pānsemān	پانسمان
vaccination (f)	vāksināsyon	واکسیناسیون
vacciner (vt)	vāksine kardan	واکسینه کردن
piqûre (f)	tazriq	تزریق
faire une piqûre	tazriq kardan	تزریق کردن
crise, attaque (f)	hamle	حمله
amputation (f)	qat'-e ozv	قطع عضو
amputer (vt)	qat' kardan	قطع کردن
coma (m)	komā	کما
être dans le coma	dar komā budan	در کما بودن
réanimation (f)	morāqebat-e viže	مراقبت ویژه
se rétablir (vp)	behbud yāftan	بهبود یافتن
état (m) (de santé)	hālat	حالت
conscience (f)	huš	هوش
mémoire (f)	hāfeze	حافظه
arracher (une dent)	dandān kešidan	دندان کشیدن

plombage (m)	por kardan	پر کردن
plomber (vt)	por kardan	پر کردن
hypnose (f)	hipnotizm	هیپنوتیزم
hypnotiser (vt)	hipnotizm kardan	هیپنوتیزم کردن

51. Les médecins

médecin (m)	pezešk	پزشک
infirmière (f)	parastār	پرستار
médecin (m) personnel	pezešk-e šaxsi	پزشک شخصی
dentiste (m)	dandān pezešk	دندان پزشک
ophtalmologiste (m)	češm-pezešk	چشم پزشک
généraliste (m)	pezešk omumi	پزشک عمومی
chirurgien (m)	jarrāh	جراح
psychiatre (m)	ravānpezešk	روانپزشک
pédiatre (m)	pezešk-e kudakān	پزشک کودکان
psychologue (m)	ravānšenās	روانشناس
gynécologue (m)	motexasses-e zanān	متخصص زنان
cardiologue (m)	motexasses-e qalb	متخصص قلب

52. Les médicaments. Les accessoires

médicament (m)	dāru	دارو
remède (m)	darmān	درمان
prescrire (vt)	tajviz kardan	تجویز کردن
ordonnance (f)	nosxe	نسخه
comprimé (m)	qors	قرص
onguent (m)	pomād	پماد
ampoule (f)	āmpul	آمپول
mixture (f)	šarbat	شربت
sirop (m)	šarbat	شربت
pilule (f)	kapsul	کپسول
poudre (f)	pudr	پودر
bande (f)	bānd	باند
coton (m) (ouate)	panbe	پنبه
iode (m)	yod	ید
sparadrap (m)	časb-e zaxm	چسب زخم
compte-gouttes (m)	qatre čekān	قطره چکان
thermomètre (m)	damāsanj	دماسنج
seringue (f)	sorang	سرنگ
fauteuil (m) roulant	vilčer	ویلچر
béquilles (f pl)	čub zir baqal	چوب زیر بغل
anesthésique (m)	mosaken	مسکن
purgatif (m)	moshel	مسهل

alcool (m)	alkol	الکل
herbe (f) médicinale	giyāhān-e dāruyi	گیاهان دارویی
d'herbes (adj)	giyāhi	گیاهی

L'HABITAT HUMAIN

La ville

53. La ville. La vie urbaine

ville (f)	šahr	شهر
capitale (f)	pāytaxt	پایتخت
village (m)	rustā	روستا
plan (m) de la ville	naqše-ye šahr	نقشهٔ شهر
centre-ville (m)	markaz-e šahr	مرکز شهر
banlieue (f)	hume-ye šahr	حومهٔ شهر
de banlieue (adj)	hume-ye šahr	حومهٔ شهر
périphérie (f)	hume	حومه
alentours (m pl)	hume	حومه
quartier (m)	mahalle	محله
quartier (m) résidentiel	mahalle-ye maskuni	محلهٔ مسکونی
trafic (m)	obur-o morur	عبور و مرور
feux (m pl) de circulation	čerāq-e rāhnamā	چراغ راهنما
transport (m) urbain	haml-o naql-e šahri	حمل و نقل شهری
carrefour (m)	čahārrāh	چهارراه
passage (m) piéton	xatt-e āber-e piyāde	خط عابرپیاده
passage (m) souterrain	zir-e gozar	زیر گذر
traverser (vt)	obur kardan	عبور کردن
piéton (m)	piyāde	پیاده
trottoir (m)	piyāde row	پیاده رو
pont (m)	pol	پل
quai (m)	xiyābān-e sāheli	خیابان ساحلی
fontaine (f)	češme	چشمه
allée (f)	bāq rāh	باغ راه
parc (m)	pārk	پارک
boulevard (m)	bolvār	بولوار
place (f)	meydān	میدان
avenue (f)	xiyābān	خیابان
rue (f)	xiyābān	خیابان
ruelle (f)	kuče	کوچه
impasse (f)	bon bast	بن بست
maison (f)	xāne	خانه
édifice (m)	sāxtemān	ساختمان
gratte-ciel (m)	āsemānxarāš	آسمانخراش
façade (f)	namā	نما
toit (m)	bām	بام

fenêtre (f)	panjere	پنجره
arc (m)	tāq-e qowsi	طاق قوسی
colonne (f)	sotun	ستون
coin (m)	nabš	نبش
vitrine (f)	vitrin	ویترین
enseigne (f)	tāblo	تابلو
affiche (f)	poster	پوستر
affiche (f) publicitaire	poster-e tabliqāti	پوستر تبلیغاتی
panneau-réclame (m)	bilbord	بیلبورد
ordures (f pl)	āšqāl	آشغال
poubelle (f)	satl-e āšqāl	سطل آشغال
jeter à terre	kasif kardan	کثیف کردن
décharge (f)	jā-ye dafn-e āšqāl	جای دفن آشغال
cabine (f) téléphonique	kābin-e telefon	کابین تلفن
réverbère (m)	tir-e barq	تیر برق
banc (m)	nimkat	نیمکت
policier (m)	polis	پلیس
police (f)	polis	پلیس
clochard (m)	gedā	گدا
sans-abri (m)	bi xānomān	بی خانمان

54. Les institutions urbaines

magasin (m)	maqāze	مغازه
pharmacie (f)	dāruxāne	داروخانه
opticien (m)	eynak foruši	عینک فروشی
centre (m) commercial	markaz-e tejāri	مرکز تجاری
supermarché (m)	supermārket	سوپرمارکت
boulangerie (f)	nānvāyi	نانوایی
boulanger (m)	nānvā	نانوا
pâtisserie (f)	qannādi	قنادی
épicerie (f)	baqqāli	بقالی
boucherie (f)	gušt foruši	گوشت فروشی
magasin (m) de légumes	sabzi foruši	سبزی فروشی
marché (m)	bāzār	بازار
salon (m) de café	kāfe	کافه
restaurant (m)	resturān	رستوران
brasserie (f)	bār	بار
pizzeria (f)	pitzā-foruši	پیتزا فروشی
salon (m) de coiffure	ārāyešgāh	آرایشگاه
poste (f)	post	پست
pressing (m)	xošk-šuyi	خشک‌شویی
atelier (m) de photo	ātolye-ye akkāsi	آتلیۀ عکاسی
magasin (m) de chaussures	kafš foruši	کفش فروشی
librairie (f)	ketāb-foruši	کتاب فروشی

magasin (m) d'articles de sport	maqāze-ye varzeši	مغازهٔ ورزشی
atelier (m) de retouche	ta'mir-e lebās	تعمیر لباس
location (f) de vêtements	kerāye-ye lebās	کرایهٔ لباس
location (f) de films	kerāye-ye film	کرایهٔ فیلم
cirque (m)	sirak	سیرک
zoo (m)	bāq-e vahš	باغ وحش
cinéma (m)	sinamā	سینما
musée (m)	muze	موزه
bibliothèque (f)	ketābxāne	کتابخانه
théâtre (m)	teātr	تئاتر
opéra (m)	operā	اپرا
boîte (f) de nuit	kābāre	کاباره
casino (m)	kāzino	کازینو
mosquée (f)	masjed	مسجد
synagogue (f)	kenešt	کنشت
cathédrale (f)	kelisā-ye jāme'	کلیسای جامع
temple (m)	ma'bad	معبد
église (f)	kelisā	کلیسا
institut (m)	anistito	انستیتو
université (f)	dānešgāh	دانشگاه
école (f)	madrese	مدرسه
préfecture (f)	ostāndāri	استانداری
mairie (f)	šahrdāri	شهرداری
hôtel (m)	hotel	هتل
banque (f)	bānk	بانک
ambassade (f)	sefārat	سفارت
agence (f) de voyages	āžāns-e jahāngardi	آژانس جهانگردی
bureau (m) d'information	daftar-e ettelāāt	دفتر اطلاعات
bureau (m) de change	sarrāfi	صرافی
métro (m)	metro	مترو
hôpital (m)	bimārestān	بیمارستان
station-service (f)	pomp-e benzin	پمپ بنزین
parking (m)	pārking	پارکینگ

55. Les enseignes. Les panneaux

enseigne (f)	tāblo	تابلو
pancarte (f)	nevešte	نوشته
poster (m)	poster	پوستر
indicateur (m) de direction	rāhnamā	راهنما
flèche (f)	alāmat	علامت
avertissement (m)	ehtiyāt	احتیاط
panneau d'avertissement	alāmat-e hošdār	علامت هشدار
avertir (vt)	hošdār dādan	هشدار دادن
jour (m) de repos	ruz-e ta'til	روز تعطیل

horaire (m)	jadval	جدول
heures (f pl) d'ouverture	sāʿathā-ye kāri	ساعت های کاری
BIENVENUE!	xoš āmadid	خوش آمدید
ENTRÉE	vorud	ورود
SORTIE	xoruj	خروج
POUSSER	hel dādan	هل دادن
TIRER	bekešid	بکشید
OUVERT	bāz	باز
FERMÉ	baste	بسته
FEMMES	zanāne	زنانه
HOMMES	mardāne	مردانه
RABAIS	taxfif	تخفیف
SOLDES	harāj	حراج
NOUVEAU!	jadid	جدید
GRATUIT	majjāni	مجانی
ATTENTION!	tavajjoh	توجه
COMPLET	otāq-e xāli nadārim	اتاق خالی نداریم
RÉSERVÉ	rezerv šode	رزرو شده
ADMINISTRATION	edāre	اداره
RÉSERVÉ AU PERSONNEL	xāse personel	خاص پرسنل
ATTENTION CHIEN MÉCHANT	movāzeb-e sag bāšid	مواظب سگ باشید
DÉFENSE DE FUMER	sigār kešidan mamnuʾ	سیگار کشیدن ممنوع
PRIÈRE DE NE PAS TOUCHER	dast nazanid	دست نزنید
DANGEREUX	xatarnāk	خطرناک
DANGER	xatar	خطر
HAUTE TENSION	voltāj bālā	ولتاژ بالا
BAIGNADE INTERDITE	šenā mamnuʿ	شنا ممنوع
HORS SERVICE	xārāb	خراب
INFLAMMABLE	qābel-e ehterāq	قابل احتراق
INTERDIT	mamnuʿ	ممنوع
PASSAGE INTERDIT	obur mamnuʿ	عبور ممنوع
PEINTURE FRAÎCHE	rang-e xis	رنگ خیس

56. Les transports en commun

autobus (m)	otobus	اتوبوس
tramway (m)	terāmvā	تراموا
trolleybus (m)	otobus-e barqi	اتوبوس برقی
itinéraire (m)	xat	خط
numéro (m)	šomāre	شماره
prendre ...	raftan bā	رفتن با
monter (dans l'autobus)	savār šodan	سوار شدن

descendre de ...	piyāde šodan	پیاده شدن
arrêt (m)	istgāh-e otobus	ایستگاه اتوبوس
arrêt (m) prochain	istgāh-e ba'di	ایستگاه بعدی
terminus (m)	istgāh-e āxar	ایستگاه آخر
horaire (m)	barnāme	برنامه
attendre (vt)	montazer budan	منتظر بودن
ticket (m)	belit	بلیط
prix (m) du ticket	qeymat-e belit	قیمت بلیط
caissier (m)	sanduqdār	صندوقدار
contrôle (m) des tickets	kontorol-e belit	کنترل بلیط
contrôleur (m)	kontorol či	کنترل چی
être en retard	ta'xir dāštan	تأخیرداشتن
rater (~ le train)	az dast dādan	از دست دادن
se dépêcher	ajale kardan	عجله کردن
taxi (m)	tāksi	تاکسی
chauffeur (m) de taxi	rānande-ye tāksi	راننده تاکسی
en taxi	bā tāksi	با تاکسی
arrêt (m) de taxi	istgāh-e tāksi	ایستگاه تاکسی
appeler un taxi	tāksi gereftan	تاکسی گرفتن
prendre un taxi	tāksi gereftan	تاکسی گرفتن
trafic (m)	obur-o morur	عبور و مرور
embouteillage (m)	terāfik	ترافیک
heures (f pl) de pointe	sā'at-e šoluqi	ساعت شلوغی
se garer (vp)	pārk kardan	پارک کردن
garer (vt)	pārk kardan	پارک کردن
parking (m)	pārking	پارکینگ
métro (m)	metro	مترو
station (f)	istgāh	ایستگاه
prendre le métro	bā metro raftan	با مترو رفتن
train (m)	qatār	قطار
gare (f)	istgāh-e rāh-e āhan	ایستگاه راه آهن

57. Le tourisme

monument (m)	mojassame	مجسمه
forteresse (f)	qal'e	قلعه
palais (m)	kāx	کاخ
château (m)	qal'e	قلعه
tour (f)	borj	برج
mausolée (m)	ārāmgāh	آرامگاه
architecture (f)	me'māri	معماری
médiéval (adj)	qorun-e vasati	قرون وسطی
ancien (adj)	qadimi	قدیمی
national (adj)	melli	ملی
connu (adj)	mašhur	مشهور
touriste (m)	turist	توریست
guide (m) (personne)	rāhnamā-ye tur	راهنمای تور

excursion (f)	gardeš	گردش
montrer (vt)	nešān dādan	نشان دادن
raconter (une histoire)	hekāyat kardan	حکایت کردن
trouver (vt)	peydā kardan	پیدا کردن
se perdre (vp)	gom šodan	گم شدن
plan (m) (du metro, etc.)	naqše	نقشه
carte (f) (de la ville, etc.)	naqše	نقشه
souvenir (m)	sowqāti	سوغاتی
boutique (f) de souvenirs	forušgāh-e sowqāti	فروشگاه سوغاتی
prendre en photo	aks gereftan	عکس گرفتن
se faire prendre en photo	aks gereftan	عکس گرفتن

58. Le shopping

acheter (vt)	xarid kardan	خرید کردن
achat (m)	xarid	خرید
faire des achats	xarid kardan	خرید کردن
shopping (m)	xarid	خرید
être ouvert	bāz budan	باز بودن
être fermé	baste budan	بسته بودن
chaussures (f pl)	kafš	کفش
vêtement (m)	lebās	لباس
produits (m pl) de beauté	lavāzem-e ārāyeši	لوازم آرایشی
produits (m pl) alimentaires	mavādd-e qazāyi	مواد غذایی
cadeau (m)	hedye	هدیه
vendeur (m)	forušande	فروشنده
vendeuse (f)	forušande-ye zan	فروشنده زن
caisse (f)	sanduq	صندوق
miroir (m)	āyene	آینه
comptoir (m)	pišxān	پیشخوان
cabine (f) d'essayage	otāq porov	اتاق پرو
essayer (robe, etc.)	emtehān kardan	امتحان کردن
aller bien (robe, etc.)	monāseb budan	مناسب بودن
plaire (être apprécié)	dust dāštan	دوست داشتن
prix (m)	qeymat	قیمت
étiquette (f) de prix	barčasb-e qeymat	برچسب قیمت
coûter (vt)	qeymat dāštan	قیمت داشتن
Combien?	čeqadr?	چقدر؟
rabais (m)	taxfif	تخفیف
pas cher (adj)	arzān	ارزان
bon marché (adj)	arzān	ارزان
cher (adj)	gerān	گران
C'est cher	gerān ast	گران است
location (f)	kerāye	کرایه
louer (une voiture, etc.)	kerāye kardan	کرایه کردن

crédit (m)	vām	وام
à crédit (adv)	xarid-e e'tebāri	خرید اعتباری

59. L'argent

argent (m)	pul	پول
échange (m)	tabdil-e arz	تبدیل ارز
cours (m) de change	nerx-e arz	نرخ ارز
distributeur (m)	xodpardāz	خودپرداز
monnaie (f)	sekke	سکه
dollar (m)	dolār	دلار
euro (m)	yuro	یورو
lire (f)	lire	لیره
mark (m) allemand	mārk	مارک
franc (m)	farānak	فرانک
livre sterling (f)	pond-e esterling	پوند استرلینگ
yen (m)	yen	ین
dette (f)	qarz	قرض
débiteur (m)	bedehkār	بدهکار
prêter (vt)	qarz dādan	قرض دادن
emprunter (vt)	qarz gereftan	قرض گرفتن
banque (f)	bānk	بانک
compte (m)	hesāb-e bānki	حساب بانکی
verser (dans le compte)	rixtan	ریختن
verser dans le compte	be hesāb rixtan	به حساب ریختن
retirer du compte	az hesāb bardāštan	از حساب برداشتن
carte (f) de crédit	kārt-e e'tebāri	کارت اعتباری
espèces (f pl)	pul-e naqd	پول نقد
chèque (m)	ček	چک
faire un chèque	ček neveštan	چک نوشتن
chéquier (m)	daste-ye ček	دسته چک
portefeuille (m)	kif-e pul	کیف پول
bourse (f)	kif-e pul	کیف پول
coffre fort (m)	gāvsanduq	گاوصندوق
héritier (m)	vāres	وارث
héritage (m)	mirās	میراث
fortune (f)	dārāyi	دارایی
location (f)	ejāre	اجاره
loyer (m) (argent)	kerāye-ye xāne	کرایۀ خانه
louer (prendre en location)	ejāre kardan	اجاره کردن
prix (m)	qeymat	قیمت
coût (m)	arzeš	ارزش
somme (f)	jam'-e kol	جمع کل
dépenser (vt)	xarj kardan	خرج کردن
dépenses (f pl)	maxārej	مخارج

économiser (vt)	sarfeju-yi kardan	صرفه جویی کردن
économe (adj)	maqrun besarfe	مقرون به صرفه
payer (régler)	pardāxtan	پرداختن
paiement (m)	pardāxt	پرداخت
monnaie (f) (rendre la ~)	pul-e xerad	پول خرد
impôt (m)	māliyāt	مالیات
amende (f)	jarime	جریمه
mettre une amende	jarime kardan	جریمه کردن

60. La poste. Les services postaux

poste (f)	post	پست
courrier (m) (lettres, etc.)	post	پست
facteur (m)	nāme resān	نامه رسان
heures (f pl) d'ouverture	sā'athā-ye kāri	ساعت های کاری
lettre (f)	nāme	نامه
recommandé (m)	nāme-ye sefāreši	نامه سفارشی
carte (f) postale	kārt-e postāl	کارت پستال
télégramme (m)	telegrām	تلگرام
colis (m)	baste posti	بسته پستی
mandat (m) postal	havāle	حواله
recevoir (vt)	gereftan	گرفتن
envoyer (vt)	ferestādan	فرستادن
envoi (m)	ersāl	ارسال
adresse (f)	nešāni	نشانی
code (m) postal	kod-e posti	کد پستی
expéditeur (m)	ferestande	فرستنده
destinataire (m)	girande	گیرنده
prénom (m)	esm	اسم
nom (m) de famille	nām-e xānevādegi	نام خانوادگی
tarif (m)	ta'refe	تعرفه
normal (adj)	ādi	عادی
économique (adj)	ādi	عادی
poids (m)	vazn	وزن
peser (~ les lettres)	vazn kardan	وزن کردن
enveloppe (f)	pākat	پاکت
timbre (m)	tambr	تمبر
timbrer (vt)	tamr zadan	تمبر زدن

Le logement. La maison. Le foyer

61. La maison. L'électricité

électricité (f)	barq	برق
ampoule (f)	lāmp	لامپ
interrupteur (m)	kelid	کلید
plomb, fusible (m)	fiyuz	فیوز
fil (m) (~ électrique)	sim	سیم
installation (f) électrique	sim keši	سیم کشی
compteur (m) électrique	kontor	کنتور
relevé (m)	dastgāh-e xaneš	دستگاه خوانش

62. La villa et le manoir

maison (f) de campagne	xāne-ye xārej-e šahr	خانهٔ خارج شهر
villa (f)	vilā	ویلا
aile (f) (~ ouest)	bāl	بال
jardin (m)	bāq	باغ
parc (m)	pārk	پارک
serre (f) tropicale	golxāne	گلخانه
s'occuper (~ du jardin)	negahdāri kardan	نگهداری کردن
piscine (f)	estaxr	استخر
salle (f) de gym	sālon-e varzeš	سالن ورزش
court (m) de tennis	zamin-e tenis	زمین تنیس
salle (f) de cinéma	sinamā	سینما
garage (m)	gārāž	گاراژ
propriété (f) privée	melk-e xosusi	ملک خصوصی
terrain (m) privé	melk-e xosusi	ملک خصوصی
avertissement (m)	hošdār	هشدار
panneau d'avertissement	alāmat-e hošdār	علامت هشدار
sécurité (f)	hefāzat	حفاظت
agent (m) de sécurité	negahbān	نگهبان
alarme (f) antivol	dozdgir	دزدگیر

63. L'appartement

appartement (m)	āpārtemān	آپارتمان
chambre (f)	otāq	اتاق
chambre (f) à coucher	otāq-e xāb	اتاق خواب

salle (f) à manger	otāq-e qazāxori	اتاق غذاخوری
salon (m)	mehmānxāne	مهمانخانه
bureau (m)	daftar	دفتر
antichambre (f)	tālār-e vorudi	تالار ورودی
salle (f) de bains	hammām	حمام
toilettes (f pl)	tuālet	توالت
plafond (m)	saqf	سقف
plancher (m)	kaf	کف
coin (m)	guše	گوشه

64. Les meubles. L'intérieur

meubles (m pl)	mobl	مبل
table (f)	miz	میز
chaise (f)	sandali	صندلی
lit (m)	taxt-e xāb	تخت خواب
canapé (m)	kānāpe	کاناپه
fauteuil (m)	mobl-e rāhati	مبل راحتی
bibliothèque (f) (meuble)	qafase-ye ketāb	قفسه کتاب
rayon (m)	qafase	قفسه
armoire (f)	komod	کمد
patère (f)	raxt āviz	رخت آویز
portemanteau (m)	čub lebāsi	چوب لباسی
commode (f)	komod	کمد
table (f) basse	miz-e pišdasti	میز پیشدستی
miroir (m)	āyene	آینه
tapis (m)	farš	فرش
petit tapis (m)	qāliče	قالیچه
cheminée (f)	šumine	شومینه
bougie (f)	šam'	شمع
chandelier (m)	šam'dān	شمعدان
rideaux (m pl)	parde	پرده
papier (m) peint	kāqaz-e divāri	کاغذ دیواری
jalousie (f)	kerkere	کرکره
lampe (f) de table	čerāq-e rumizi	چراغ رومیزی
applique (f)	čerāq-e divāri	چراغ دیواری
lampadaire (m)	ābāžur	آباژور
lustre (m)	luster	لوستر
pied (m) (~ de la table)	pāye	پایه
accoudoir (m)	daste-ye sandali	دستهٔ صندلی
dossier (m)	pošti	پشتی
tiroir (m)	kešow	کشو

65. La literie

linge (m) de lit	raxt-e xāb	رخت خواب
oreiller (m)	bālešt	بالشت
taie (f) d'oreiller	rubalešt	روبالشت
couverture (f)	patu	پتو
drap (m)	malāfe	ملافه
couvre-lit (m)	rutaxti	روتختی

66. La cuisine

cuisine (f)	āšpazxāne	آشپزخانه
gaz (m)	gāz	گاز
cuisinière (f) à gaz	ojāgh-e gāz	اجاق گاز
cuisinière (f) électrique	ojāgh-e barghi	اجاق برقی
four (m)	fer	فر
four (m) micro-ondes	māykrofer	مایکروفر
réfrigérateur (m)	yaxčāl	یخچال
congélateur (m)	fereyzer	فریزر
lave-vaisselle (m)	māšin-e zarfšuyi	ماشین ظرفشویی
hachoir (m) à viande	čarx-e gušt	چرخ گوشت
centrifugeuse (f)	ābmive giri	آبمیوه گیری
grille-pain (m)	towster	توستر
batteur (m)	maxlut kon	مخلوط کن
machine (f) à café	qahve sāz	قهوه ساز
cafetière (f)	qahve juš	قهوه جوش
moulin (m) à café	āsiyāb-e qahve	آسیاب قهوه
bouilloire (f)	ketri	کتری
théière (f)	quri	قوری
couvercle (m)	sarpuš	سرپوش
passoire (f) à thé	čāy sāf kon	چای صاف کن
cuillère (f)	qāšoq	قاشق
petite cuillère (f)	qāšoq čāy xori	قاشق چای خوری
cuillère (f) à soupe	qāšoq sup xori	قاشق سوپ خوری
fourchette (f)	čangāl	چنگال
couteau (m)	kārd	کارد
vaisselle (f)	zoruf	ظروف
assiette (f)	bošqāb	بشقاب
soucoupe (f)	na'lbeki	نعلبکی
verre (m) à shot	gilās-e vodkā	گیلاس ودکا
verre (m) (~ d'eau)	estekān	استکان
tasse (f)	fenjān	فنجان
sucrier (m)	qandān	قندان
salière (f)	namakdān	نمکدان
poivrière (f)	felfeldān	فلفلدان

beurrier (m)	zarf-e kare	ظرف کره
casserole (f)	qāblame	قابلمه
poêle (f)	tābe	تابه
louche (f)	malāqe	ملاقه
passoire (f)	ābkeš	آبکش
plateau (m)	sini	سینی
bouteille (f)	botri	بطری
bocal (m) (à conserves)	šiše	شیشه
boîte (f) en fer-blanc	quti	قوطی
ouvre-bouteille (m)	dar bāz kon	در بازکن
ouvre-boîte (m)	dar bāz kon	در بازکن
tire-bouchon (m)	dar bāz kon	در بازکن
filtre (m)	filter	فیلتر
filtrer (vt)	filter kardan	فیلتر کردن
ordures (f pl)	āšqāl	آشغال
poubelle (f)	satl-e zobāle	سطل زباله

67. La salle de bains

salle (f) de bains	hammām	حمام
eau (f)	āb	آب
robinet (m)	šir	شیر
eau (f) chaude	āb-e dāq	آب داغ
eau (f) froide	āb-e sard	آب سرد
dentifrice (m)	xamir-e dandān	خمیر دندان
se brosser les dents	mesvāk zadan	مسواک زدن
brosse (f) à dents	mesvāk	مسواک
se raser (vp)	riš tarāšidan	ریش تراشیدن
mousse (f) à raser	xamir-e eslāh	خمیر اصلاح
rasoir (m)	tiq	تیغ
laver (vt)	šostan	شستن
se laver (vp)	hamām kardan	حمام کردن
douche (f)	duš	دوش
prendre une douche	duš gereftan	دوش گرفتن
baignoire (f)	vān hammām	وان حمام
cuvette (f)	tuālet-e farangi	توالت فرنگی
lavabo (m)	sink	سینک
savon (m)	sābun	صابون
porte-savon (m)	jā sābun	جا صابون
éponge (f)	abr	ابر
shampooing (m)	šāmpu	شامپو
serviette (f)	howle	حوله
peignoir (m) de bain	howle-ye hamām	حوله حمام
lessive (f) (faire la ~)	raxčuyi	لباسشویی
machine (f) à laver	māšin-e lebas-šui	ماشین لباسشویی

| faire la lessive | šostan-e lebās | شستن لباس |
| lessive (f) (poudre) | pudr-e lebas-šui | پودر لباسشویی |

68. Les appareils électroménagers

téléviseur (m)	televiziyon	تلویزیون
magnétophone (m)	zabt-e sowt	ضبط صوت
magnétoscope (m)	video	ویدئو
radio (f)	rādiyo	رادیو
lecteur (m)	paxš konande	پخش کننده

vidéoprojecteur (m)	video porožektor	ویدئو پروژکتور
home cinéma (m)	sinamā-ye xānegi	سینمای خانگی
lecteur DVD (m)	paxš konande-ye di vi di	پخش کننده دی وی دی
amplificateur (m)	āmpli-fāyer	آمپلی فایر
console (f) de jeux	konsul-e bāzi	کنسول بازی

caméscope (m)	durbin-e filmbardāri	دوربین فیلمبرداری
appareil (m) photo	durbin-e akkāsi	دوربین عکاسی
appareil (m) photo numérique	durbin-e dijitāl	دوربین دیجیتال

aspirateur (m)	jāru barqi	جارو برقی
fer (m) à repasser	oto	اتو
planche (f) à repasser	miz-e otu	میز اتو

téléphone (m)	telefon	تلفن
portable (m)	telefon-e hamrāh	تلفن همراه
machine (f) à écrire	māšin-e tahrir	ماشین تحریر
machine (f) à coudre	čarx-e xayyāti	چرخ خیاطی

micro (m)	mikrofon	میکروفون
écouteurs (m pl)	guši	گوشی
télécommande (f)	kontrol az rāh-e dur	کنترل از راه دور

CD (m)	si-di	سیدی
cassette (f)	kāst	کاست
disque (m) (vinyle)	safhe-ye gerāmāfon	صفحه گرامافون

LES ACTIVITÉS HUMAINS

Le travail. Les affaires. Partie 1

69. Le bureau. La vie de bureau

bureau (m) (établissement)	daftar	دفتر
bureau (m) (au travail)	daftar	دفتر
accueil (m)	pazir-aš	پذیرش
secrétaire (m)	monši	منشی
secrétaire (f)	monši	منشی
directeur (m)	modir	مدیر
manager (m)	modir	مدیر
comptable (m)	hesābdār	حسابدار
collaborateur (m)	kārmand	کارمند
meubles (m pl)	mobl	مبل
bureau (m)	miz	میز
fauteuil (m)	sandali dastedār	صندلی دسته دار
classeur (m) à tiroirs	kešow	کشو
portemanteau (m)	čub lebāsi	چوب لباسی
ordinateur (m)	kāmpiyuter	کامپیوتر
imprimante (f)	pirinter	پرینتر
fax (m)	faks	فکس
copieuse (f)	dastgāh-e kopi	دستگاه کپی
papier (m)	kāqaz	کاغذ
papeterie (f)	lavāzem-e tahrir	لوازم تحریر
tapis (m) de souris	māows pad	ماوس پد
feuille (f)	varaq	ورق
classeur (m)	puše	پوشه
catalogue (m)	kātālog	کاتالوگ
annuaire (m)	rāhnamā	راهنما
documents (m pl)	asnād	اسناد
brochure (f)	borušur	بروشور
prospectus (m)	borušur	بروشور
échantillon (m)	nemune	نمونه
formation (f)	āmuzeš	آموزش
réunion (f)	jalase	جلسه
pause (f) déjeuner	vaqt-e nāhār	وقت ناهار
faire une copie	kopi gereftan	کپی گرفتن
faire des copies	kopi gereftan	کپی گرفتن
recevoir un fax	faks gereftan	فکس گرفتن
envoyer un fax	faks ferestādan	فکس فرستادن

French	Persan (translittération)	Persan
téléphoner, appeler	telefon zadan	تلفن زدن
répondre (vi, vt)	javāb dādan	جواب دادن
passer (au téléphone)	vasl šodan	وصل شدن
fixer (rendez-vous)	sāzmān dādan	سازمان دادن
montrer (un échantillon)	nemāyeš dādan	نمایش دادن
être absent	qāyeb budan	غایب بودن
absence (f)	qeybat	غیبت

70. Les processus d'affaires. Partie 1

French	Persan (translittération)	Persan
métier (m)	šoql	شغل
firme (f), société (f)	šerkat	شرکت
compagnie (f)	kompāni	کمپانی
corporation (f)	šerkat-e sahami	شرکت سهامی
entreprise (f)	šerkat	شرکت
agence (f)	namāyandegi	نمایندگی
accord (m)	qarārdād	قرارداد
contrat (m)	qarārdād	قرارداد
marché (m) (accord)	mo'āmele	معامله
commande (f)	sefāreš	سفارش
terme (m) (~ du contrat)	šart	شرط
en gros (adv)	omde furuši	عمده فروشی
en gros (adj)	omde	عمده
vente (f) en gros	omde furuši	عمده فروشی
au détail (adj)	xorde-foruši	خرده فروشی
vente (f) au détail	xorde-foruši	خرده فروشی
concurrent (m)	raqib	رقیب
concurrence (f)	reqābat	رقابت
concurrencer (vt)	reqābat kardan	رقابت کردن
associé (m)	šarik	شریک
partenariat (m)	mošārek-at	مشارکت
crise (f)	bohrān	بحران
faillite (f)	varšekastegi	ورشکستگی
faire faillite	varšekast šodan	ورشکست شدن
difficulté (f)	saxti	سختی
problème (m)	moškel	مشکل
catastrophe (f)	fāje'e	فاجعه
économie (f)	eqtesād	اقتصاد
économique (adj)	eqtesādi	اقتصادی
baisse (f) économique	rokud-e eqtesādi	رکود اقتصادی
but (m)	hadaf	هدف
objectif (m)	hadaf	هدف
faire du commerce	tejārat kardan	تجارت کردن
réseau (m) (de distribution)	šabake-ye towzi'	شبکهٔ توزیع
inventaire (m) (stocks)	fehrest anbār	فهرست انبار

assortiment (m)	majmu'e	مجموعه
leader (m)	rahbar	رهبر
grande (~ entreprise)	bozorg	بزرگ
monopole (m)	enhesār	انحصار
théorie (f)	nazariye	نظریه
pratique (f)	amal	عمل
expérience (f)	tajrobe	تجربه
tendance (f)	gerāyeš	گرایش
développement (m)	pišraft	پیشرفت

71. Les processus d'affaires. Partie 2

rentabilité (m)	sud	سود
rentable (adj)	sudāvar	سودآور
délégation (f)	hey'at-e namāyandegān	هیئت نمایندگان
salaire (m)	hoquq	حقوق
corriger (une erreur)	eslāh kardan	اصلاح کردن
voyage (m) d'affaires	ma'muriyat	مأموریت
commission (f)	komisiyon	کمیسیون
contrôler (vt)	kontorol kardan	کنترل کردن
conférence (f)	konferāns	کنفرانس
licence (f)	parvāne	پروانه
fiable (partenaire ~)	motmaen	مطمئن
initiative (f)	ebtekār	ابتکار
norme (f)	me'yār	معیار
circonstance (f)	vaz'iyat	وضعیت
fonction (f)	vazife	وظیفه
entreprise (f)	šerkat	شرکت
organisation (f)	sāzmāndehi	سازماندهی
organisé (adj)	sāzmān yāfte	سازمان یافته
annulation (f)	laqv	لغو
annuler (vt)	laqv kardan	لغو کردن
rapport (m)	gozāreš	گزارش
brevet (m)	govāhi-ye sabt-e exterā'	گواهی ثبت اختراع
breveter (vt)	govāhi exterā' gereftan	گواهی اختراع گرفتن
planifier (vt)	barnāmerizi kardan	برنامه ریزی کردن
prime (f)	pādāš	پاداش
professionnel (adj)	herfe i	حرفه ای
procédure (f)	tašrifāt	تشریفات
examiner (vt)	barresi kardan	بررسی کردن
calcul (m)	mohāsebe	محاسبه
réputation (f)	e'tebār	اعتبار
risque (m)	risk	ریسک
diriger (~ une usine)	edāre kardan	اداره کردن
renseignements (m pl)	ettelā'āt	اطلاعات

propriété (f)	dārāyi	دارایی
union (f)	ettehādiye	اتحادیه
assurance vie (f)	bime-ye omr	بیمهٔ عمر
assurer (vt)	bime kardan	بیمه کردن
assurance (f)	bime	بیمه
enchères (f pl)	harāj	حراج
notifier (informer)	xabar dādan	خبر دادن
gestion (f)	edāre	اداره
service (m)	xedmat	خدمت
forum (m)	ham andiši	هم اندیشی
fonctionner (vi)	amal kardan	عمل کردن
étape (f)	marhale	مرحله
juridique (services ~s)	hoquqi	حقوقی
juriste (m)	hoquq dān	حقوق دان

72. L'usine. La production

usine (f)	kārxāne	کارخانه
fabrique (f)	kārxāne	کارخانه
atelier (m)	kārgāh	کارگاه
site (m) de production	towlidi	تولیدی
industrie (f)	san'at	صنعت
industriel (adj)	san'ati	صنعتی
industrie (f) lourde	sanāye-'e sangin	صنایع سنگین
industrie (f) légère	sanāye-'e sabok	صنایع سبک
produit (m)	towlidāt	تولیدات
produire (vt)	towlid kardan	تولید کردن
matières (f pl) premières	mavādd-e xām	مواد خام
chef (m) d'équipe	sarkāregar	سرکارگر
équipe (f) d'ouvriers	daste-ye kāregaran	دسته کارگران
ouvrier (m)	kārgar	کارگر
jour (m) ouvrable	ruz-e kāri	روز کاری
pause (f) (repos)	esterāhat	استراحت
réunion (f)	jalase	جلسه
discuter (vt)	bahs kardan	بحث کردن
plan (m)	barnāme	برنامه
accomplir le plan	barnāme rā ejrā kardan	برنامه را اجرا کردن
norme (f) de production	nerx-e tolid	نرخ تولید
qualité (f)	keyfiyat	کیفیت
contrôle (m)	kontorol	کنترل
contrôle (m) qualité	kontorol-e keyfi	کنترل کیفی
sécurité (f) de travail	amniyat-e kār	امنیت کار
discipline (f)	enzebāt	انضباط
infraction (f)	naqz	نقض
violer (les règles)	naqz kardan	نقض کردن

grève (f)	e'tesāb	اعتصاب
gréviste (m)	e'tesāb konande	اعتصاب کننده
faire grève	e'tesāb kardan	اعتصاب کردن
syndicat (m)	ettehādiye-ye kārgari	اتحادیۀ کارگری
inventer (machine, etc.)	exterā' kardan	اختراع کردن
invention (f)	exterā'	اختراع
recherche (f)	tahqiq	تحقیق
améliorer (vt)	behtar kardan	بهتر کردن
technologie (f)	fanāvari	فناوری
dessin (m) technique	rasm-e fani	رسم فنی
charge (f) (~ de 3 tonnes)	bār	بار
chargeur (m)	bārbar	باربر
charger (véhicule, etc.)	bār kardan	بار کردن
chargement (m)	bārgiri	بارگیری
décharger (vt)	bārgiri	بارگیری
déchargement (m)	bārandāz-i	باراندازی
transport (m)	haml-o naql	حمل و نقل
compagnie (f) de transport	šerkat-e haml-o naql	شرکت حمل و نقل
transporter (vt)	haml kardan	حمل کردن
wagon (m) de marchandise	vāgon-e bari	واگن باری
citerne (f)	maxzan	مخزن
camion (m)	kāmiyon	کامیون
machine-outil (f)	dastgāh	دستگاه
mécanisme (m)	mekānism	مکانیسم
déchets (m pl)	zāye'āt-e san'ati	ضایعات صنعتی
emballage (m)	baste band-i	بسته بندی
emballer (vt)	baste bandi kardan	بسته بندی کردن

73. Le contrat. L'accord

contrat (m)	qarārdād	قرارداد
accord (m)	tavāfoq-e nāme	توافق نامه
annexe (f)	zamime	ضمیمه
signer un contrat	qarārdād bastan	قرارداد بستن
signature (f)	emzā'	امضاء
signer (vt)	emzā kardan	امضا کردن
cachet (m)	mehr	مهر
objet (m) du contrat	mowzu-'e qarārdād	موضوع قرارداد
clause (f)	mādde	ماده
côtés (m pl)	tarafeyn	طرفین
adresse (f) légale	ādres-e hoquqi	آدرس حقوقی
violer l'accord	naqz kardan-e qarārdād	نقض کردن قرارداد
obligation (f)	ta'ahhod	تعهد
responsabilité (f)	mas'uliyat	مسئولیت
force (f) majeure	šarāyet-e ezterāri	شرایط اضطراری

| litige (m) | xalāf | خلاف |
| pénalités (f pl) | eqdāmāt-e tanbihi | اقدامات تنبیهی |

74. L'importation. L'exportation

importation (f)	vāredāt	واردات
importateur (m)	vāred konande	وارد کننده
importer (vt)	vāred kardan	وارد کردن
d'importation	vāredāti	وارداتی

exportation (f)	sāderāt	صادرات
exportateur (m)	sāder konande	صادر کننده
exporter (vt)	sāder kardan	صادر کردن
d'exportation (adj)	sāderāti	صادراتی

| marchandise (f) | kālā | کالا |
| lot (m) de marchandises | mahmule | محموله |

poids (m)	vazn	وزن
volume (m)	hajm	حجم
mètre (m) cube	metr moka'ab	متر مکعب

producteur (m)	towlid konande	تولید کننده
compagnie (f) de transport	šerkat-e haml-o naql	شرکت حمل و نقل
container (m)	kāntiner	کانتینر

frontière (f)	marz	مرز
douane (f)	gomrok	گمرک
droit (m) de douane	avārez-e gomroki	عوارض گمرکی
douanier (m)	ma'mur-e gomrok	مأمور گمرک
contrebande (f) (trafic)	qāčāq	قاچاق
contrebande (f)	ajnās-e qāčāq	اجناس قاچاق

75. La finance

action (f)	sahām	سهام
obligation (f)	owrāq-e bahādār	اوراق بهادار
lettre (f) de change	safte	سفته

| bourse (f) | burs | بورس |
| cours (m) d'actions | nerx-e sahām | نرخ سهام |

| baisser (vi) | arzān šodan | ارزان شدن |
| augmenter (vi) (prix) | gerān šodan | گران شدن |

participation (f) de contrôle	manāfe-'e kontoroli	منافع کنترلی
investissements (m pl)	sarmāye gozāri	سرمایه گذاری
investir (vt)	sarmāye gozāri kardan	سرمایه گذاری کردن
pour-cent (m)	darsad	درصد
intérêts (m pl)	sud	سود
profit (m)	sud	سود
profitable (adj)	sudāvar	سودآور

impôt (m)	māliyāt	ماليات
devise (f)	arz	ارز
national (adj)	melli	ملی
échange (m)	tabādol	تبادل
comptable (m)	hesābdār	حسابدار
comptabilité (f)	hesābdāri	حسابداری
faillite (f)	varšekastegi	ورشکستگی
krach (m)	šekast	شکست
ruine (f)	varšekastegi	ورشکستگی
se ruiner (vp)	varšekast šodan	ورشکست شدن
inflation (f)	tavarrom	تورم
dévaluation (f)	taqlil-e arzeš-e pul	تقليل ارزش پول
capital (m)	sarmāye	سرمايه
revenu (m)	darāmad	درآمد
chiffre (m) d'affaires	gardeš mo'āmelāt	گردش معاملات
ressources (f pl)	manābe'	منابع
moyens (m pl) financiers	manābe-'e puli	منابع پولی
frais (m pl) généraux	maxārej-e kolli	مخارج كلی
réduire (vt)	kam kardan	کم کردن

76. La commercialisation. Le marketing

marketing (m)	bāzāryābi	بازاریابی
marché (m)	bāzār	بازار
segment (m) du marché	baxše bāzār	بخش بازار
produit (m)	mahsul	محصول
marchandise (f)	kālā	کالا
marque (f) de fabrique	barand	برند
marque (f) déposée	nočān tojāri	نشان تجاری
logotype (m)	logo	لوگو
logo (m)	logo	لوگو
demande (f)	taqāzā	تقاضا
offre (f)	arze	عرضه
besoin (m)	ehtiyāj	احتياج
consommateur (m)	masraf-e konande	مصرف کننده
analyse (f)	tahlil	تحليل
analyser (vt)	tahlil kardan	تحليل کردن
positionnement (m)	mowze' giri	موضع گیری
positionner (vt)	mowze' giri kardan	موضع گیری کردن
prix (m)	qeymat	قيمت
politique (f) des prix	siyāsat-e qeymat-e gozār-i	سياست قيمت گذاری
formation (f) des prix	qeymat gozāri	قيمت گذاری

77. La publicité

publicité (f), pub (f)	āgahi	آگهی
faire de la publicité	tabliq kardan	تبلیغ کردن
budget (m)	budje	بودجه
annonce (f), pub (f)	āgahi	آگهی
publicité (f) à la télévision	tabliqāt-e televiziyoni	تبلیغات تلویزیونی
publicité (f) à la radio	tabliqāt-e rādiyoyi	تبلیغات رادیویی
publicité (f) extérieure	āgahi-ye biruni	آگهی بیرونی
mass média (m pl)	resāne-hay-e jam'i	رسانه های جمعی
périodique (m)	našriye-ye dowrei	نشریهٔ دوره ای
image (f)	temsāl	تمثال
slogan (m)	šo'ār	شعار
devise (f)	šo'ār	شعار
campagne (f)	kampeyn	کمپین
campagne (f) publicitaire	kampeyn-e tabliqāti	کمپین تبلیغاتی
public (m) cible	goruh-e hadaf	گروه هدف
carte (f) de visite	kārt-e vizit	کارت ویزیت
prospectus (m)	borušur	بروشور
brochure (f)	borušur	بروشور
dépliant (m)	ketābče	کتابچه
bulletin (m)	xabarnāme	خبرنامه
enseigne (f)	tāblo	تابلو
poster (m)	poster	پوستر
panneau-réclame (m)	bilbord	بیلبورد

78. Les opérations bancaires

banque (f)	bānk	بانک
agence (f) bancaire	šo'be	شعبه
conseiller (m)	mošāver	مشاور
gérant (m)	modir	مدیر
compte (m)	hesāb-e bānki	حساب بانکی
numéro (m) du compte	šomāre-ye hesāb	شمارهٔ حساب
compte (m) courant	hesāb-e jāri	حساب جاری
compte (m) sur livret	hesāb-e pasandāz	حساب پس انداز
ouvrir un compte	hesāb-e bāz kardan	حساب باز کردن
clôturer le compte	hesāb rā bastan	حساب را بستن
verser dans le compte	be hesāb rixtan	به حساب ریختن
retirer du compte	az hesāb bardāštan	از حساب برداشتن
dépôt (m)	seporde	سپرده
faire un dépôt	seporde gozāštan	سپرده گذاشتن
virement (m) bancaire	enteqāl	انتقال

faire un transfert	enteqāl dādan	انتقال دادن
somme (f)	jam'-e kol	جمع کل
Combien?	čeqadr?	چقدر؟
signature (f)	emzā'	امضاء
signer (vt)	emzā kardan	امضا کردن
carte (f) de crédit	kārt-e e'tebāri	کارت اعتباری
code (m)	kod	کد
numéro (m) de carte de crédit	šomāre-ye kārt-e e'tebāri	شماره کارت اعتباری
distributeur (m)	xodpardāz	خودپرداز
chèque (m)	ček	چک
faire un chèque	ček neveštan	چک نوشتن
chéquier (m)	daste-ye ček	دسته چک
crédit (m)	e'tebār	اعتبار
demander un crédit	darxāst-e vam kardan	درخواست وام کردن
prendre un crédit	vām gereftan	وام گرفتن
accorder un crédit	vām dādan	وام دادن
gage (m)	zemānat	ضمانت

79. Le téléphone. La conversation téléphonique

téléphone (m)	telefon	تلفن
portable (m)	telefon-e hamrāh	تلفن همراه
répondeur (m)	monši-ye telefoni	منشی تلفنی
téléphoner, appeler	telefon zadan	تلفن زدن
appel (m)	tamās-e telefoni	تماس تلفنی
composer le numéro	šomāre gereftan	شماره گرفتن
Allô!	alo!	الو!
demander (~ l'heure)	porsidan	پرسیدن
répondre (vi, vl)	javāb dādan	جواب دادن
entendre (bruit, etc.)	šenidan	شنیدن
bien (adv)	xub	خوب
mal (adv)	bad	بد
bruits (m pl)	sedā	صدا
récepteur (m)	guši	گوشی
décrocher (vt)	guši rā bar dāštan	گوشی را برداشتن
raccrocher (vi)	guši rā gozāštan	گوشی را گذاشتن
occupé (adj)	mašqul	مشغول
sonner (vi)	zang zadan	زنگ زدن
carnet (m) de téléphone	daftar-e telefon	دفتر تلفن
local (adj)	mahalli	محلی
appel (m) local	telefon-e dāxeli	تلفن داخلی
interurbain (adj)	beyn-e šahri	بین شهری
appel (m) interurbain	telefon-e beyn-e šahri	تلفن بین شهری
international (adj)	beynolmelali	بین المللی
appel (m) international	telefon-e beynolmelali	تلفن بین المللی

80. Le téléphone portable

portable (m)	telefon-e hamrāh	تلفن همراه
écran (m)	namāyešgar	نمایشگر
bouton (m)	dokme	دکمه
carte SIM (f)	sim-e kārt	سیم کارت
pile (f)	bātri	باطری
être déchargé	tamām šodan bātri	تمام شدن باتری
chargeur (m)	šāržer	شارژ
menu (m)	meno	منو
réglages (m pl)	tanzimāt	تنظیمات
mélodie (f)	āhang	آهنگ
sélectionner (vt)	entexāb kardan	انتخاب کردن
calculatrice (f)	māšin-e hesāb	ماشین حساب
répondeur (m)	monši-ye telefoni	منشی تلفنی
réveil (m)	sā'at-e zang dār	ساعت زنگ دار
contacts (m pl)	daftar-e telefon	دفتر تلفن
SMS (m)	payāmak	پیامک
abonné (m)	moštarek	مشترک

81. La papeterie

stylo (m) à bille	xodkār	خودکار
stylo (m) à plume	xodnevis	خودنویس
crayon (m)	medād	مداد
marqueur (m)	māžik	ماژیک
feutre (m)	māžik	ماژیک
bloc-notes (m)	daftar-e yāddāšt	دفتر یادداشت
agenda (m)	daftar-e yāddāšt	دفتر یادداشت
règle (f)	xat keš	خط کش
calculatrice (f)	māšin-e hesāb	ماشین حساب
gomme (f)	pāk kon	پاک کن
punaise (f)	punez	پونز
trombone (m)	gire	گیره
colle (f)	časb	چسب
agrafeuse (f)	mangane-ye zan	منگنه زن
perforateur (m)	pānč	پانچ
taille-crayon (m)	madād-e tarāš	مداد تراش

82. Les types d'activités économiques

services (m pl) comptables	xadamāt-e hesābdāri	خدمات حسابداری
publicité (f), pub (f)	āgahi	آگهی

agence (f) publicitaire	āžāns-e tabliqāti	آژانس تبلیغاتی
climatisation (m)	tahviye-ye matbu'	تهویه مطبوع
compagnie (f) aérienne	šerkat-e havāpeymāyi	شرکت هواپیمایی
boissons (f pl) alcoolisées	mašrubāt-e alkoli	مشروبات الکلی
antiquités (f pl)	atiqe	عتیقه
galerie (f) d'art	gāleri-ye honari	گالری هنری
services (m pl) d'audition	xadamāt-e momayyezi	خدمات ممیزی
banques (f pl)	bānk-dāri	بانکداری
bar (m)	bār	بار
salon (m) de beauté	sālon-e zibāyi	سالن زیبایی
librairie (f)	ketāb-foruši	کتاب فروشی
brasserie (f) (fabrique)	ābe jow-sāzi	آب جوسازی
centre (m) d'affaires	markaz-e tejāri	مرکز تجاری
école (f) de commerce	moassese-ye bāzargāni	موسسه بازرگانی
casino (m)	kāzino	کازینو
bâtiment (m)	sāxtemān	ساختمان
conseil (m)	mošavere	مشاوره
dentistes (pl)	dandān-e pezeški	دندان پزشکی
design (m)	tarrāhi	طراحی
pharmacie (f)	dāruxāne	داروخانه
pressing (m)	xošk-šuyi	خشکشویی
agence (f) de recrutement	āžāns-e kāryābi	آژانس کاریابی
service (m) financier	xadamāt-e māli	خدمات مالی
produits (m pl) alimentaires	mavādd-e qazāyi	مواد غذایی
maison (f) funéraire	xadamat-e kafno dafn	خدمات کفن و دفن
meubles (m pl)	mobl	مبل
vêtement (m)	lebās	لباس
hôtel (m)	hotel	هتل
glace (f)	bastani	بستنی
industrie (f)	san'at	صنعت
assurance (f)	bime	بیمه
Internet (m)	internet	اینترنت
investissements (m pl)	sarmāye gozāri	سرمایه گذاری
bijoutier (m)	javāheri	جواهری
bijouterie (f)	javāherāt	جواهرات
blanchisserie (f)	xošk-šuyi	خشکشویی
service (m) juridique	xadamāt-e hoquqi	خدمات حقوقی
industrie (f) légère	sanāye-'e sabok	صنایع سبک
revue (f)	majalle	مجله
vente (f) par catalogue	foruš-e sefāreš-e posti	فروش سفارش پستی
médecine (f)	pezeški	پزشکی
cinéma (m)	sinamā	سینما
musée (m)	muze	موزه
agence (f) d'information	xabar-gozari	خبرگزاری
journal (m)	ruznāme	روزنامه
boîte (f) de nuit	kābāre	کاباره
pétrole (m)	naft	نفت

coursiers (m pl)	xadamāt-e post	خدمات پست
industrie (f) pharmaceutique	dārusāzi	داروسازی
imprimerie (f)	sahhāfi	صحافی
maison (f) d'édition	entešārāt	انتشارات
radio (f)	rādiyo	رادیو
immobilier (m)	amvāl-e qeyr-e manqul	اموال غیر منقول
restaurant (m)	resturān	رستوران
agence (f) de sécurité	āžāns-e amniyati	آژانس امنیتی
sport (m)	varzeš	ورزش
bourse (f)	burs	بورس
magasin (m)	maqāze	مغازه
supermarché (m)	supermārket	سوپرمارکت
piscine (f)	estaxr	استخر
atelier (m) de couture	xayyāti	خیاطی
télévision (f)	televiziyon	تلویزیون
théâtre (m)	teātr	تئاتر
commerce (m)	tejārat	تجارت
sociétés de transport	haml-o naql	حمل و نقل
tourisme (m)	turism	توریسم
vétérinaire (m)	dāmpezešk	دامپزشک
entrepôt (m)	anbār	انبار
récupération (f) des déchets	jam āvari-ye zobāle	جمع آوری زباله

Le travail. Les affaires. Partie 2

83. Les foires et les salons

salon (m)	namāyešgāh	نمایشگاه
salon (m) commercial	namāyešgāh-e tejāri	نمایشگاه تجاری
participation (f)	šerkat	شرکت
participer à ...	šerekat kardan	شرکت کردن
participant (m)	šerekat konande	شرکت کننده
directeur (m)	ra'is	رئیس
direction (f)	daftar-e modiriyat	دفتر مدیریت
organisateur (m)	sāzmān dahande	سازمان دهنده
organiser (vt)	sāzmān dādan	سازمان دادن
demande (f) de participation	darxāst-e šerkat	درخواست شرکت
remplir (vt)	por kardan	پر کردن
détails (m pl)	joz'iyāt	جزئیات
information (f)	ettelā'āt	اطلاعات
prix (m)	arzeš	ارزش
y compris	šāmel	شامل
inclure (~ les taxes)	šāmel šodan	شامل شدن
payer (régler)	pardāxtan	پرداختن
droits (m pl) d'inscription	haqq-e sabt	حق ثبت
entrée (f)	vorud	ورود
pavillon (m)	qorfe	غرفه
enregistrer (vt)	sabt kardan	ثبت کردن
badge (m)	kārt-e šenāsāyi	کارت شناسایی
stand (m)	qorfe	غرفه
réserver (vt)	rezerv kardan	رزرو کردن
vitrine (f)	vitrin	ویترین
lampe (f)	nurafkan	نورافکن
design (m)	tarh	طرح
mettre (placer)	qarār dādan	قرار دادن
être placé	qarār gereftan	قرار گرفتن
distributeur (m)	towzi' konande	توزیع کننده
fournisseur (m)	arze konande	عرضه کننده
fournir (vt)	arze kardan	عرضه کردن
pays (m)	kešvar	کشور
étranger (adj)	xāreji	خارجی
produit (m)	mahsul	محصول
association (f)	anjoman	انجمن
salle (f) de conférences	tālār-e konferāns	تالار کنفرانس

congrès (m)	kongere	کنگره
concours (m)	mosābeqe	مسابقه
visiteur (m)	bāzdid konande	بازدید کننده
visiter (vt)	bāzdid kardan	بازدید کردن
client (m)	moštari	مشتری

84. La recherche scientifique et les chercheurs

science (f)	elm	علم
scientifique (adj)	elmi	علمی
savant (m)	dānešmand	دانشمند
théorie (f)	nazariye	نظریه
axiome (m)	qā'ede-ye kolli	قاعده کلی
analyse (f)	tahlil	تحلیل
analyser (vt)	tahlil kardan	تحلیل کردن
argument (m)	dalil	دلیل
substance (f) (matière)	mādde	ماده
hypothèse (f)	farziye	فرضیه
dilemme (m)	dorāhi	دوراهی
thèse (f)	pāyān nāme	پایان نامه
dogme (m)	aqide	عقیده
doctrine (f)	doktorin	دکترین
recherche (f)	tahqiq	تحقیق
rechercher (vt)	tahghigh kardan	تحقیق کردن
test (m)	āzmāyeš	آزمایش
laboratoire (m)	āzmāyešgāh	آزمایشگاه
méthode (f)	raveš	روش
molécule (f)	molekul	مولکول
monitoring (m)	nozzār-at	نظارت
découverte (f)	kašf	کشف
postulat (m)	engāre	انگاره
principe (m)	asl	اصل
prévision (f)	piš bini	پیش بینی
prévoir (vt)	pišbini kardan	پیش بینی کردن
synthèse (f)	santez	سنتز
tendance (f)	gerāyeš	گرایش
théorème (m)	qaziye	قضیه
enseignements (m pl)	āmuzeš	آموزش
fait (m)	haqiqat	حقیقت
expédition (f)	safar	سفر
expérience (f)	āzmāyeš	آزمایش
académicien (m)	ozv-e ākādemi	عضو آکادمی
bachelier (m)	lisāns	لیسانس
docteur (m)	pezešk	پزشک
chargé (m) de cours	dānešyār	دانشیار

magistère (m)	foqe lisāns	فوق ليسانس
professeur (m)	porofosor	پروفسور

Les professions. Les métiers

85. La recherche d'emploi. Le licenciement

travail (m)	kār	کار
employés (pl)	kārmandān	کارمندان
personnel (m)	kādr	کادر
carrière (f)	šoql	شغل
perspective (f)	durnamā	دورنما
maîtrise (f)	mahārat	مهارت
sélection (f)	entexāb	انتخاب
agence (f) de recrutement	āžāns-e kāryābi	آژانس کاریابی
C.V. (m)	rezume	رزومه
entretien (m)	mosāhabe-ye kari	مصاحبه کاری
emploi (m) vacant	post-e xāli	پست خالی
salaire (m)	hoquq	حقوق
salaire (m) fixe	darāmad-e s ābet	درآمد ثابت
rémunération (f)	pardāxt	پرداخت
poste (m) (~ évolutif)	šoql	شغل
fonction (f)	vazife	وظیفه
liste (f) des fonctions	šarh-e vazāyef	شرح وظایف
occupé (adj)	mašqul	مشغول
licencier (vt)	exrāj kardan	اخراج کردن
licenciement (m)	exrāj	اخراج
chômage (m)	bikāri	بیکاری
chômeur (m)	bikār	بیکار
retraite (f)	mostamerri	مستمری
prendre sa retraite	bāznešaste šodan	بازنشسته شدن

86. Les hommes d'affaires

directeur (m)	modir	مدیر
gérant (m)	modir	مدیر
patron (m)	ra'is	رئیس
supérieur (m)	māfowq	مافوق
supérieurs (m pl)	roasā	رؤسا
président (m)	ra'is jomhur	رئیس جمهور
président (m) (d'entreprise)	ra'is	رئیس
adjoint (m)	mo'āven	معاون
assistant (m)	mo'āven	معاون

Français	Translittération	Persan
secrétaire (m, f)	monši	منشی
secrétaire (m, f) personnel	dastyār-e šaxsi	دستیار شخصی
homme (m) d'affaires	bāzargān	بازرگان
entrepreneur (m)	kārāfarin	کارآفرین
fondateur (m)	moasses	مؤسس
fonder (vt)	ta'sis kardan	تأسیس کردن
fondateur (m)	hamkār	همکار
partenaire (m)	šarik	شریک
actionnaire (m)	sahāmdār	سهامدار
millionnaire (m)	milyuner	میلیونر
milliardaire (m)	milyārder	میلیاردر
propriétaire (m)	sāheb	صاحب
propriétaire (m) foncier	zamin-dār	زمین دار
client (m)	xaridār	خریدار
client (m) régulier	xaridār-e dāemi	خریدار دائمی
acheteur (m)	xaridār	خریدار
visiteur (m)	bāzdid konande	بازدید کننده
professionnel (m)	herfe i	حرفه ای
expert (m)	kāršenās	کارشناس
spécialiste (m)	motexasses	متخصص
banquier (m)	kārmand-e bānk	کارمند بانک
courtier (m)	dallāl-e kārgozār	دلال کارگزار
caissier (m)	sanduqdār	صندوقدار
comptable (m)	hesābdār	حسابدار
agent (m) de sécurité	negahbān	نگهبان
investisseur (m)	sarmāye gozār	سرمایه گذار
débiteur (m)	bedehkār	بدهکار
créancier (m)	talabkār	طلبکار
emprunteur (m)	vām girande	وام گیرنده
importateur (m)	vāred konande	وارد کننده
exportateur (m)	sāder konande	صادر کننده
producteur (m)	towlid konande	تولید کننده
distributeur (m)	towzi' konande	توزیع کننده
intermédiaire (m)	vāsete	واسطه
conseiller (m)	mošāver	مشاور
représentant (m)	namāyande	نماینده
agent (m)	namāyande	نماینده
agent (m) d'assurances	namāyande-ye bime	نمایندۀ بیمه

87. Les métiers des services

Français	Translittération	Persan
cuisinier (m)	āšpaz	آشپز
cuisinier (m) en chef	sarāšpaz	سرآشپز

boulanger (m)	nānvā	نانوا
barman (m)	motesaddi-ye bār	متصدی بار
serveur (m)	pišxedmat	پیشخدمت
serveuse (f)	pišxedmat	پیشخدمت
avocat (m)	vakil	وکیل
juriste (m)	hoquq dān	حقوق دان
notaire (m)	daftardār	دفتردار
électricien (m)	barq-e kār	برق کار
plombier (m)	lule keš	لوله کش
charpentier (m)	najjār	نجار
masseur (m)	māsāž dahande	ماساژ دهنده
masseuse (f)	māsāž dahande	ماساژ دهنده
médecin (m)	pezešk	پزشک
chauffeur (m) de taxi	rānande-ye tāksi	راننده تاکسی
chauffeur (m)	rānande	راننده
livreur (m)	peyk	پیک
femme (f) de chambre	mostaxdem	مستخدم
agent (m) de sécurité	negahbān	نگهبان
hôtesse (f) de l'air	mehmāndār-e havāpeymā	مهماندار هواپیما
professeur (m)	mo'allem	معلم
bibliothécaire (m)	ketābdār	کتابدار
traducteur (m)	motarjem	مترجم
interprète (m)	motarjem-e šafāhi	مترجم شفاهی
guide (m)	rāhnamā-ye tur	راهنمای تور
coiffeur (m)	ārāyešgar	آرایشگر
facteur (m)	nāme resān	نامه رسان
vendeur (m)	forušande	فروشنده
jardinier (m)	bāqbān	باغبان
serviteur (m)	nowkar	نوکر
servante (f)	xedmatkār	خدمتکار
femme (f) de ménage	zan-e nezāfatči	زن نظافتچی

88. Les professions militaires et leurs grades

soldat (m) (grade)	sarbāz	سرباز
sergent (m)	goruhbān	گروهبان
lieutenant (m)	sotvān	ستوان
capitaine (m)	kāpitān	کاپیتان
commandant (m)	sargord	سرگرد
colonel (m)	sarhang	سرهنگ
général (m)	ženerāl	ژنرال
maréchal (m)	māršāl	مارشال
amiral (m)	daryāsālār	دریاسالار
militaire (m)	nezāmi	نظامی
soldat (m)	sarbāz	سرباز

officier (m)	afsar	افسر
commandant (m)	farmāndeh	فرمانده
garde-frontière (m)	marzbān	مرزبان
opérateur (m) radio	bisim či	بیسیم چی
éclaireur (m)	ettelā'āti	اطلاعاتی
démineur (m)	mohandes estehkāmāt	مهندس استحکامات
tireur (m)	tirandāz	تیرانداز
navigateur (m)	nāvbar	ناویر

89. Les fonctionnaires. Les prêtres

roi (m)	šāh	شاه
reine (f)	maleke	ملکه
prince (m)	šāhzāde	شاهزاده
princesse (f)	pranses	پرنسس
tsar (m)	tezār	تزار
tsarine (f)	maleke	ملکه
président (m)	ra'is jomhur	رئیس جمهور
ministre (m)	vazir	وزیر
premier ministre (m)	noxost vazir	نخست وزیر
sénateur (m)	senātor	سناتور
diplomate (m)	diplomāt	دیپلمات
consul (m)	konsul	کنسول
ambassadeur (m)	safir	سفیر
conseiller (m)	mošāver	مشاور
fonctionnaire (m)	kārmand	کارمند
préfet (m)	baxšdār	بخشدار
maire (m)	šahrdār	شهردار
juge (m)	qāzi	قاضی
procureur (m)	dādsetān	دادستان
missionnaire (m)	misiyoner	میسیونر
moine (m)	rāheb	راهب
abbé (m)	rāheb-e bozorg	راهب بزرگ
rabbin (m)	xāxām	خاخام
vizir (m)	vazir	وزیر
shah (m)	šāh	شاه
cheik (m)	šeyx	شیخ

90. Les professions agricoles

apiculteur (m)	zanburdār	زنبوردار
berger (m)	čupān	چوپان
agronome (m)	motexasses-e kešāvarzi	متخصص کشاورزی

| éleveur (m) | dāmparvar | دامپرور |
| vétérinaire (m) | dāmpezešk | دامپزشک |

fermier (m)	kešāvarz	کشاورز
vinificateur (m)	šarāb sāz	شراب ساز
zoologiste (m)	jānevar-šenās	جانور شناس
cow-boy (m)	gāvčerān	گاوچران

91. Les professions artistiques

| acteur (m) | bāzigar | بازیگر |
| actrice (f) | bāzigar | بازیگر |

| chanteur (m) | xānande | خواننده |
| cantatrice (f) | xānande | خواننده |

| danseur (m) | raqqās | رقاص |
| danseuse (f) | raqqāse | رقاصه |

| artiste (m) | honarpiše | هنرپیشه |
| artiste (f) | honarpiše | هنرپیشه |

musicien (m)	muzisiyan	موزیسین
pianiste (m)	piyānist	پیانیست
guitariste (m)	gitārist	گیتاریست

chef (m) d'orchestre	rahbar-e orkestr	رهبر ارکستر
compositeur (m)	āhangsāz	آهنگساز
imprésario (m)	modir-e operā	مدیر اپرا

metteur (m) en scène	kārgardān	کارگردان
producteur (m)	tahiye konande	تهیه کننده
scénariste (m)	senārist	سناریست
critique (m)	montaqed	منتقد

écrivain (m)	nevisande	نویسنده
poète (m)	šā'er	شاعر
sculpteur (m)	mojassame sāz	مجسمه ساز
peintre (m)	naqqāš	نقاش

jongleur (m)	tardast	تردست
clown (m)	dalqak	دلقک
acrobate (m)	ākrobāt	آکروبات
magicien (m)	šo'bade bāz	شعبده باز

92. Les différents métiers

médecin (m)	pezešk	پزشک
infirmière (f)	parastār	پرستار
psychiatre (m)	ravānpezešk	روانپزشک
stomatologue (m)	dandān pezešk	دندان پزشک
chirurgien (m)	jarrāh	جراح

astronaute (m)	fazānavard	فضانورد
astronome (m)	setāre-šenās	ستاره شناس
pilote (m)	xalabān	خلبان
chauffeur (m)	rānande	راننده
conducteur (m) de train	rānande	راننده
mécanicien (m)	mekānik	مکانیک
mineur (m)	ma'danči	معدنچی
ouvrier (m)	kārgar	کارگر
serrurier (m)	qofl sāz	قفل ساز
menuisier (m)	najjār	نجار
tourneur (m)	tarrāš kār	تراش کار
ouvrier (m) du bâtiment	kārgar-e sāxtemāni	کارگر ساختمانی
soudeur (m)	juš kār	جوش کار
professeur (m) (titre)	porofosor	پروفسور
architecte (m)	me'mār	معمار
historien (m)	movarrex	مورخ
savant (m)	dānešmand	دانشمند
physicien (m)	fizikdān	فیزیکدان
chimiste (m)	šimi dān	شیمی دان
archéologue (m)	bāstān-šenās	باستان شناس
géologue (m)	zamin-šenās	زمین شناس
chercheur (m)	pažuhešgar	پژوهشگر
baby-sitter (m, f)	parastār bače	پرستار بچه
pédagogue (m, f)	āmuzgār	آموزگار
rédacteur (m)	virāstār	ویراستار
rédacteur (m) en chef	sardabir	سردبیر
correspondant (m)	xabarnegār	خبرنگار
dactylographe (f)	māšin nevis	ماشین نویس
designer (m)	tarāh	طراح
informaticien (m)	kāršenās kāmpiyuter	کارشناس کامپیوتر
programmeur (m)	barnāme-ye nevis	برنامه نویس
ingénieur (m)	mohandes	مهندس
marin (m)	malavān	ملوان
matelot (m)	malavān	ملوان
secouriste (m)	nejāt-e dahande	نجات دهنده
pompier (m)	ātaš nešān	آتش نشان
policier (m)	polis	پلیس
veilleur (m) de nuit	mohāfez	محافظ
détective (m)	kārāgāh	کارآگاه
douanier (m)	ma'mur-e gomrok	مامور گمرک
garde (m) du corps	mohāfez-e šaxsi	محافظ شخصی
gardien (m) de prison	negahbān zendān	نگهبان زندان
inspecteur (m)	bāzres	بازرس
sportif (m)	varzeškār	ورزشکار
entraîneur (m)	morabbi	مربی

boucher (m)	qassāb	قصاب
cordonnier (m)	kaffāš	کفاش
commerçant (m)	bāzargān	بازرگان
chargeur (m)	bārbar	باربر
couturier (m)	tarrāh-e lebas	طراح لباس
modèle (f)	model-e zan	مدل زن

93. Les occupations. Le statut social

écolier (m)	dāneš-āmuz	دانش آموز
étudiant (m)	dānešju	دانشجو
philosophe (m)	filsuf	فیلسوف
économiste (m)	eqtesāddān	اقتصاددان
inventeur (m)	moxtare'	مخترع
chômeur (m)	bikār	بیکار
retraité (m)	bāznešaste	بازنشسته
espion (m)	jāsus	جاسوس
prisonnier (m)	zendāni	زندانی
gréviste (m)	e'tesāb konande	اعتصاب کننده
bureaucrate (m)	ma'mur-e edāri	مأمور اداری
voyageur (m)	mosāfer	مسافر
homosexuel (m)	hamjens-e bāz	همجنس باز
hacker (m)	haker	هکر
hippie (m, f)	hipi	هیپی
bandit (m)	rāhzan	راهزن
tueur (m) à gages	ādamkoš	آدمکش
drogué (m)	mo'tād	معتاد
trafiquant (m) de drogue	forušande-ye mavādd-e moxadder	فروشندۀ مواد مخدر
prostituée (f)	fāheše	فاحشه
souteneur (m)	jākeš	جاکش
sorcier (m)	jādugar	جادوگر
sorcière (f)	jādugar	جادوگر
pirate (m)	dozd-e daryāyi	دزد دریایی
esclave (m)	borde	برده
samouraï (m)	sāmurāyi	سامورایی
sauvage (m)	vahši	وحشی

L'éducation

94. L'éducation

école (f)	madrese	مدرسه
directeur (m) d'école	modir-e madrese	مدیر مدرسه
élève (m)	dāneš-āmuz	دانش آموز
élève (f)	dāneš-āmuz	دانش آموز
écolier (m)	dāneš-āmuz	دانش آموز
écolière (f)	dāneš-āmuz	دانش آموز
enseigner (vt)	āmuxtan	آموختن
apprendre (~ l'arabe)	yād gereftan	یاد گرفتن
apprendre par cœur	az hefz kardan	از حفظ کردن
apprendre (à faire qch)	yād gereftan	یاد گرفتن
être étudiant, -e	tahsil kardan	تحصیل کردن
aller à l'école	madrese raftan	مدرسه رفتن
alphabet (m)	alefbā	الفبا
matière (f)	mabhas	مبحث
salle (f) de classe	kelās	کلاس
leçon (f)	dars	درس
récréation (f)	zang-e tafrih	زنگ تفریح
sonnerie (f)	zang	زنگ
pupitre (m)	miz-e tahrir	میز تحریر
tableau (m) noir	taxte-ye siyāh	تخته سیاه
note (f)	nomre	نمره
bonne note (f)	nomre-ye xub	نمرۀ خوب
mauvaise note (f)	nomre-ye bad	نمرۀ بد
donner une note	nomre gozāštan	نمره گذاشتن
faute (f)	eštebāh	اشتباه
faire des fautes	eštebāh kardan	اشتباه کردن
corriger (une erreur)	eslāh kardan	اصلاح کردن
antisèche (f)	taqallob	تقلب
devoir (m)	taklif manzel	تکلیف منزل
exercice (m)	tamrin	تمرین
être présent	hozur dāštan	حضور داشتن
être absent	qāyeb budan	غایب بودن
manquer l'école	az madrese qāyeb budan	ازمدرسه غایب بودن
punir (vt)	tanbih kardan	تنبیه کردن
punition (f)	tanbih	تنبیه
conduite (f)	raftār	رفتار

carnet (m) de notes	gozāreš-e ruzāne	گزارش روزانه
crayon (m)	medād	مداد
gomme (f)	pāk kon	پاک کن
craie (f)	gač	گچ
plumier (m)	qalamdān	قلمدان
cartable (m)	kif madrese	کیف مدرسه
stylo (m)	xodkār	خودکار
cahier (m)	daftar	دفتر
manuel (m)	ketāb-e darsi	کتاب درسی
compas (m)	pargār	پرگار
dessiner (~ un plan)	rasm kardan	رسم کردن
dessin (m) technique	rasm-e fani	رسم فنی
poésie (f)	še'r	شعر
par cœur (adv)	az hefz	از حفظ
apprendre par cœur	az hefz kardan	از حفظ کردن
vacances (f pl)	ta'tilāt	تعطیلات
être en vacances	dar ta'tilāt budan	در تعطیلات بودن
passer les vacances	ta'tilāt rā gozarāndan	تعطیلات را گذراندن
interrogation (f) écrite	emtehān	امتحان
composition (f)	enšā'	انشاء
dictée (f)	dikte	دیکته
examen (m)	emtehān	امتحان
passer les examens	emtehān dādan	امتحان دادن
expérience (f) (~ de chimie)	āzmāyeš	آزمایش

95. L'enseignement supérieur

académie (f)	farhangestān	فرهنگستان
université (f)	dānešgāh	دانشگاه
faculté (f)	dāneškade	دانشکده
étudiant (m)	dānešju	دانشجو
étudiante (f)	dānešju	دانشجو
enseignant (m)	ostād	استاد
salle (f)	kelās	کلاس
licencié (m)	fāreqottahsil	فارغ التحصیل
diplôme (m)	diplom	دیپلم
thèse (f)	pāyān nāme	پایان نامه
étude (f)	tahqiqe elmi	تحقیق علمی
laboratoire (m)	āzmāyešgāh	آزمایشگاه
cours (m)	soxanrāni	سخنرانی
camarade (m) de cours	ha mdowre i	هم دوره ای
bourse (f)	burse tahsili	بورس تحصیلی
grade (m) universitaire	daraje-ye elmi	درجۀ علمی

96. Les disciplines scientifiques

mathématiques (f pl)	riyāziyāt	ریاضیات
algèbre (f)	jabr	جبر
géométrie (f)	hendese	هندسه
astronomie (f)	setāre-šenāsi	ستاره شناسی
biologie (f)	zist-šenāsi	زیست شناسی
géographie (f)	joqrāfiyā	جغرافیا
géologie (f)	zamin-šenāsi	زمین شناسی
histoire (f)	tārix	تاریخ
médecine (f)	pezeški	پزشکی
pédagogie (f)	olume tarbiyati	علوم تربیتی
droit (m)	hoquq	حقوق
physique (f)	fizik	فیزیک
chimie (f)	šimi	شیمی
philosophie (f)	falsafe	فلسفه
psychologie (f)	ravānšenāsi	روانشناسی

97. Le systéme d'êcriture et l'orthographe

grammaire (f)	gerāmer	گرامر
vocabulaire (m)	vājegān	واژگان
phonétique (f)	sadā-šenāsi	صداشناسی
nom (m)	esm	اسم
adjectif (m)	sefat	صفت
verbe (m)	fe'l	فعل
adverbe (m)	qeyd	قید
pronom (m)	zamir	ضمیر
interjection (f)	harf-e nedā	حرف ندا
préposition (f)	harf-e ezāfe	حرف اضافه
racine (f)	riše-ye kalame	ریشه کلمه
terminaison (f)	pasvand	پسوند
préfixe (m)	pišvand	پیشوند
syllabe (f)	hejā	هجا
suffixe (m)	pasvand	پسوند
accent (m) tonique	fešar-e hejā	فشار هجا
apostrophe (f)	āpostrof	آپوستروف
point (m)	noqte	نقطه
virgule (f)	virgul	ویرگول
point (m) virgule	noqte virgul	نقطه ویرگول
deux-points (m)	donoqte	دونقطه
points (m pl) de suspension	čand noqte	چند نقطه
point (m) d'interrogation	alāmat-e soāl	علامت سؤال
point (m) d'exclamation	alāmat-e taajjob	علامت تعجب

guillemets (m pl)	giyume	گیومه
entre guillemets	dar giyume	در گیومه
parenthèses (f pl)	parāntez	پرانتز
entre parenthèses	dar parāntez	در پرانتز

trait (m) d'union	xatt-e vāsel	خط واصل
tiret (m)	xatt-e tire	خط تیره
blanc (m)	fāsele	فاصله

lettre (f)	harf	حرف
majuscule (f)	harf-e bozorg	حرف بزرگ

voyelle (f)	sedādār	صدادار
consonne (f)	sāmet	صامت

proposition (f)	jomle	جمله
sujet (m)	nahād	نهاد
prédicat (m)	gozāre	گزاره

ligne (f)	satr	سطر
à la ligne	sar-e satr	سر سطر
paragraphe (m)	band	بند

mot (m)	kalame	کلمه
groupe (m) de mots	ebārat	عبارت
expression (f)	bayān	بیان
synonyme (m)	moterādef	مترادف
antonyme (m)	motezād	متضاد

règle (f)	qā'ede	قاعده
exception (f)	estesnā	استثنا
correct (adj)	sahih	صحیح

conjugaison (f)	sarf	صرف
déclinaison (f)	sarf-e kalemāt	صرف کلمات
cas (m)	hālat	حالت
question (f)	soāl	سؤال
souligner (vt)	xatt kešidan	خط کشیدن
pointillé (m)	noqte čin	نقطه چین

98. Les langues étrangères

langue (f)	zabān	زبان
étranger (adj)	xāreji	خارجی
langue (f) étrangère	zabān-e xāreji	زبان خارجی
étudier (vt)	dars xāndan	درس خواندن
apprendre (~ l'arabe)	yād gereftan	یاد گرفتن

lire (vi, vt)	xāndan	خواندن
parler (vi, vt)	harf zadan	حرف زدن
comprendre (vt)	fahmidan	فهمیدن
écrire (vt)	neveštan	نوشتن
vite (adv)	sari'	سریع
lentement (adv)	āheste	آهسته

couramment (adv)	ravān	روان
règles (f pl)	qavā'ed	قواعد
grammaire (f)	gerāmer	گرامر
vocabulaire (m)	vājegān	واژگان
phonétique (f)	āvā-šenāsi	آواشناسی
manuel (m)	ketāb-e darsi	کتاب درسی
dictionnaire (m)	farhang-e loqat	فرهنگ لغت
manuel (m) autodidacte	xod-āmuz	خودآموز
guide (m) de conversation	ketāb-e mokāleme	کتاب مکالمه
cassette (f)	kāst	کاست
cassette (f) vidéo	kāst-e video	کاست ویدئو
CD (m)	si-di	سیدی
DVD (m)	dey vey dey	دی وی دی
alphabet (m)	alefbā	الفبا
épeler (vt)	heji kardan	هجی کردن
prononciation (f)	talaffoz	تلفظ
accent (m)	lahje	لهجه
avec un accent	bā lahje	با لهجه
sans accent	bi lahje	بی لهجه
mot (m)	kalame	کلمه
sens (m)	ma'ni	معنی
cours (m pl)	dowre	دوره
s'inscrire (vp)	nām-nevisi kardan	نام نویسی کردن
professeur (m) (~ d'anglais)	ostād	استاد
traduction (f) (action)	tarjome	ترجمه
traduction (f) (texte)	tarjome	ترجمه
traducteur (m)	motarjem	مترجم
interprète (m)	motarjem-e šafāhi	مترجم شفاهی
polyglotte (m)	čand zabāni	چند زبانی
mémoire (f)	hāfeze	حافظه

Les loisirs. Les voyages

99. Les voyages. Les excursions

tourisme (m)	gardešgari	گردشگری
touriste (m)	turist	توریست
voyage (m) (à l'étranger)	mosāferat	مسافرت
aventure (f)	mājarā	ماجرا
voyage (m)	safar	سفر
vacances (f pl)	moraxxasi	مرخصی
être en vacances	dar moraxassi budan	در مرخصی بودن
repos (m) (jours de ~)	esterāhat	استراحت
train (m)	qatār	قطار
en train	bā qatār	با قطار
avion (m)	havāpeymā	هواپیما
en avion	bā havāpeymā	با هواپیما
en voiture	bā otomobil	با اتومبیل
en bateau	dar kešti	با کشتی
bagage (m)	bār	بار
malle (f)	čamedān	چمدان
chariot (m)	čarx-e hamle bar	چرخ حمل بار
passeport (m)	gozarnāme	گذرنامه
visa (m)	ravādid	روادید
ticket (m)	belit	بلیط
billet (m) d'avion	belit-e havāpeymā	بلیط هواپیما
guide (m) (livre)	ketāb-e rāhnamā	کتاب راهنما
carte (f)	naqše	نقشه
région (f) (~ rurale)	mahal	محل
endroit (m)	jā	جا
exotisme (m)	qarāyeb	غرایب
exotique (adj)	qarib	غریب
étonnant (adj)	heyrat angiz	حیرت انگیز
groupe (m)	goruh	گروه
excursion (f)	gardeš	گردش
guide (m) (personne)	rāhnamā-ye tur	راهنمای تور

100. L'hôtel

hôtel (m)	hotel	هتل
motel (m)	motel	متل
3 étoiles	se setāre	سه ستاره

5 étoiles	panj setāre	پنج ستاره
descendre (à l'hôtel)	māndan	ماندن
chambre (f)	otāq	اتاق
chambre (f) simple	otāq-e yeknafare	اتاق یک نفره
chambre (f) double	otāq-e do nafare	اتاق دو نفره
réserver une chambre	otāq rezerv kardan	اتاق رزرو کردن
demi-pension (f)	nim pānsiyon	نیم پانسیون
pension (f) complète	pānsiyon	پانسیون
avec une salle de bain	bā vān	با وان
avec une douche	bā duš	با دوش
télévision (f) par satellite	televiziyon-e māhvārei	تلویزیون ماهواره ای
climatiseur (m)	tahviye-ye matbu'	تهویه مطبوع
serviette (f)	howle	حوله
clé (f)	kelid	کلید
administrateur (m)	edāre-ye konande	اداره کننده
femme (f) de chambre	mostaxdem	مستخدم
porteur (m)	bārbar	باربر
portier (m)	darbān	دربان
restaurant (m)	resturān	رستوران
bar (m)	bār	بار
petit déjeuner (m)	sobhāne	صبحانه
dîner (m)	šām	شام
buffet (m)	bufe	بوفه
hall (m)	lābi	لابی
ascenseur (m)	āsānsor	آسانسور
PRIÈRE DE NE PAS DÉRANGER	mozāhem našavid	مزاحم نشوید
DÉFENSE DE FUMER	sigār kešidan mamnu'	سیگار کشیدن ممنوع

LE MATÉRIEL TECHNIQUE. LES TRANSPORTS

Le matériel technique

101. L'informatique

ordinateur (m)	kāmpiyuter	کامپیوتر
PC (m) portable	lap tāp	لپ تاپ
allumer (vt)	rowšan kardan	روشن کردن
éteindre (vt)	xāmuš kardan	خاموش کردن
clavier (m)	sahfe kelid	صفحه کلید
touche (f)	kelid	کلید
souris (f)	māows	ماوس
tapis (m) de souris	māows pad	ماوس پد
bouton (m)	dokme	دکمه
curseur (m)	makān namā	مکان نما
moniteur (m)	monitor	مونیتور
écran (m)	safhe	صفحه
disque (m) dur	hārd disk	هارد دیسک
capacité (f) du disque dur	hajm-e hard	حجم هارد
mémoire (f)	hāfeze	حافظه
mémoire (f) vive	hāfeze-ye ram	حافظه رم
fichier (m)	parvande	پرونده
dossier (m)	puše	پوشه
ouvrir (vt)	bāz kardan	باز کردن
fermer (vt)	bastan	بستن
sauvegarder (vt)	zaxire kardan	ذخیره کردن
supprimer (vt)	hazf kardan	حذف کردن
copier (vt)	kopi kardan	کپی کردن
trier (vt)	tabaqe bandi kardan	طبقه بندی کردن
copier (vt)	kopi kardan	کپی کردن
programme (m)	barnāme	برنامه
logiciel (m)	narm afzār	نرم افزار
programmeur (m)	barnāme-ye nevis	برنامه نویس
programmer (vt)	barnāme-nevisi kardan	برنامه نویسی کردن
hacker (m)	haker	هکر
mot (m) de passe	kalame-ye obur	کلمه عبور
virus (m)	virus	ویروس
découvrir (détecter)	peydā kardan	پیدا کردن
bit (m)	bāyt	بایت

mégabit (m)	megābāyt	مگابایت
données (f pl)	dāde-hā	داده ها
base (f) de données	pāygāh dāde-hā	پایگاه داده ها
câble (m)	kābl	کابل
déconnecter (vt)	jodā kardan	جدا کردن
connecter (vt)	vasl kardan	وصل کردن

102. L'Internet. Le courrier électronique

Internet (m)	internet	اینترنت
navigateur (m)	morurgar	مرورگر
moteur (m) de recherche	motor-e jostoju	موتور جستجو
fournisseur (m) d'accès	erāe-ye dehande	ارائه دهنده
administrateur (m) de site	tarrāh-e vebsāyt	طراح وب سایت
site (m) web	veb-sāyt	وب سایت
page (f) web	safhe-ye veb	صفحه وب
adresse (f)	nešāni	نشانی
carnet (m) d'adresses	daftarče-ye nešāni	دفترچه نشانی
boîte (f) de réception	sanduq-e post	صندوق پست
courrier (m)	post	پست
pleine (adj)	por	پر
message (m)	payām	پیام
messages (pl) entrants	payāmhā-ye vorudi	پیامهای ورودی
messages (pl) sortants	payāmhā-ye xoruji	پیامهای خروجی
expéditeur (m)	ferestande	فرستنده
envoyer (vt)	ferestādan	فرستادن
envoi (m)	ersāl	ارسال
destinataire (m)	girande	گیرنده
recevoir (vt)	gereftan	گرفتن
correspondance (f)	mokātebe	مکاتبه
être en correspondance	mokātebe kardan	مکاتبه کردن
fichier (m)	parvande	پرونده
télécharger (vt)	dānlod kardan	دانلود کردن
créer (vt)	ijād kardan	ایجاد کردن
supprimer (vt)	hazf kardan	حذف کردن
supprimé (adj)	hazf šode	حذف شده
connexion (f) (ADSL, etc.)	ertebāt	ارتباط
vitesse (f)	sor'at	سرعت
modem (m)	modem	مودم
accès (m)	dastyābi	دستیابی
port (m)	dargāh	درگاه
connexion (f) (établir la ~)	ertebāt	ارتباط
se connecter à …	vasl šodan	وصل شدن

sélectionner (vt)	entexāb kardan	انتخاب کردن
rechercher (vt)	jostoju kardan	جستجو کردن

103. L'électricité

électricité (f)	barq	برق
électrique (adj)	barqi	برقی
centrale (f) électrique	nirugāh	نیروگاه
énergie (f)	enerži	انرژی
énergie (f) électrique	niru-ye barq	نیروی برق
ampoule (f)	lāmp	لامپ
torche (f)	čerāq-e dasti	چراغ دستی
réverbère (m)	čerāq-e barq	چراغ برق
lumière (f)	nur	نور
allumer (vt)	rowšan kardan	روشن کردن
éteindre (vt)	xāmuš kardan	خاموش کردن
éteindre la lumière	čerāq rā xāmuš kardan	چراغ را خاموش کردن
être grillé	suxtan	سوختن
court-circuit (m)	ettesāli	اتصالی
rupture (f)	sim qat' šode	سیم قطع شده
contact (m)	tamās	تماس
interrupteur (m)	kelid	کلید
prise (f)	periz	پریز
fiche (f)	došāxe	دوشاخه
rallonge (f)	sim-e sayār	سیم سیار
fusible (m)	fiyuz	فیوز
fil (m)	sim	سیم
installation (f) électrique	sim keši	سیم کشی
ampère (m)	āmper	آمپر
intensité (f) du courant	šeddat-e jaryān	شدت جریان
volt (m)	volt	ولت
tension (f)	voltāž	ولتاژ
appareil (m) électrique	vasile-ye barqi	وسیله برقی
indicateur (m)	šāxes	شاخص
électricien (m)	barq-e kār	برق کار
souder (vt)	lahim kardan	لحیم کردن
fer (m) à souder	hoviye	هویه
courant (m)	jaryān-e barq	جریان برق

104. Les outils

outil (m)	abzār	ابزار
outils (m pl)	abzār	ابزار
équipement (m)	tajhizāt	تجهیزات

marteau (m)	čakoš	چکش
tournevis (m)	pič gušti	پیچ گوشتی
hache (f)	tabar	تبر
scie (f)	arre	اره
scier (vt)	arre kardan	اره کردن
rabot (m)	rande	رنده
raboter (vt)	rande kardan	رنده کردن
fer (m) à souder	hoviye	هویه
souder (vt)	lahim kardan	لحیم کردن
lime (f)	sowhān	سوهان
tenailles (f pl)	gāzanbor	گازانبر
pince (f) plate	anbordast	انبردست
ciseau (m)	eskene	اسکنه
foret (m)	sar-matte	سرمته
perceuse (f)	matte barqi	مته برقی
percer (vt)	surāx kardan	سوراخ کردن
couteau (m)	kārd	کارد
canif (m)	čāqu-ye jibi	چاقوی جیبی
lame (f)	tiqe	تیغه
bien affilé (adj)	tiz	تیز
émoussé (adj)	konad	کند
s'émousser (vp)	konad šodan	کند شدن
affiler (vt)	tiz kardan	تیز کردن
boulon (m)	pič	پیچ
écrou (m)	mohre	مهره
filetage (m)	šiyār	شیار
vis (f) à bois	pič	پیچ
clou (m)	mix	میخ
tête (f) de clou	sar-e mix	سر میخ
règle (f)	xat keš	خط کش
mètre (m) à ruban	metr	متر
niveau (m) à bulle	tarāz	تراز
loupe (f)	zarre bin	ذره بین
appareil (m) de mesure	abzār-e andāzegir-i	ابزاراندازه گیری
mesurer (vt)	andāze gereftan	اندازه گرفتن
échelle (f) (~ métrique)	safhe-ye modarraj	صفحهٔ مدرج
relevé (m)	dastgāh-e xaneš	دستگاه خوانش
compresseur (m)	komperesor	کمپرسور
microscope (m)	mikroskop	میکروسکوپ
pompe (f)	pomp	پمپ
robot (m)	robāt	روبات
laser (m)	leyzer	لیزر
clé (f) de serrage	āčār	آچار
ruban (m) adhésif	navār-e časb	نوار چسب

colle (f)	časb	چسب
papier (m) d'émeri	kāqaz-e sonbāde	کاغذ سنباده
ressort (m)	fanar	فنر
aimant (m)	āhan-e robā	آهن ربا
gants (m pl)	dastkeš	دستکش
corde (f)	tanāb	طناب
cordon (m)	band	بند
fil (m) (~ électrique)	sim	سیم
câble (m)	kābl	کابل
masse (f)	potk	پتک
pic (m)	deylam	دیلم
escabeau (m)	nardebān	نردبان
échelle (f) double	nardebān-e sabok	نردبان سبک
visser (vt)	pič kardan	پیچ کردن
dévisser (vt)	bāz kardan	باز کردن
serrer (vt)	fešordan	فشردن
coller (vt)	časbāndan	چسباندن
couper (vt)	boridan	بریدن
défaut (m)	xarābi	خرابی
réparation (f)	ta'mir	تعمیر
réparer (vt)	ta'mir kardan	تعمیر کردن
régler (vt)	tanzim kardan	تنظیم کردن
vérifier (vt)	barresi kardan	بررسی کردن
vérification (f)	barresi	بررسی
relevé (m)	dastgāh-e xaneš	دستگاه خوانش
fiable (machine ~)	motmaen	مطمئن
complexe (adj)	pičide	پیچیده
rouiller (vi)	zang zadan	زنگ زدن
rouillé (adj)	zang zade	زنگ زده
rouille (f)	zang	زنگ

Les transports

105. L'avion

avion (m)	havāpeymā	هواپیما
billet (m) d'avion	belit-e havāpeymā	بلیط هواپیما
compagnie (f) aérienne	šerkat-e havāpeymāyi	شرکت هواپیمایی
aéroport (m)	forudgāh	فرودگاه
supersonique (adj)	māvarā sowt	ماوراء صوت
commandant (m) de bord	kāpitān	کاپیتان
équipage (m)	xadame	خدمه
pilote (m)	xalabān	خلبان
hôtesse (f) de l'air	mehmāndār-e havāpeymā	مهماندار هواپیما
navigateur (m)	nāvbar	ناویر
ailes (f pl)	bāl-hā	بال ها
queue (f)	dam	دم
cabine (f)	kābin	کابین
moteur (m)	motor	موتور
train (m) d'atterrissage	šāssi	شاسی
turbine (f)	turbin	توربین
hélice (f)	parvāne	پروانه
boîte (f) noire	ja'be-ye siyāh	جعبه سیاه
gouvernail (m)	farmān	فرمان
carburant (m)	suxt	سوخت
consigne (f) de sécurité	dasturol'amal	دستورالعمل
masque (m) à oxygène	māsk-e oksižen	ماسک اکسیژن
uniforme (m)	oniform	اونیفورم
gilet (m) de sauvetage	jeliqe-ye nejāt	جلیقۀ نجات
parachute (m)	čatr-e nejāt	چترنجات
décollage (m)	parvāz	پرواز
décoller (vi)	parvāz kardan	پرواز کردن
piste (f) de décollage	bānd-e forudgāh	باند فرودگاه
visibilité (f)	meydān did	میدان دید
vol (m) (~ d'oiseau)	parvāz	پرواز
altitude (f)	ertefā'	ارتفاع
trou (m) d'air	čāle-ye havāyi	چاله هوایی
place (f)	jā	جا
écouteurs (m pl)	guši	گوشی
tablette (f)	sini-ye tāšow	سینی تاشو
hublot (m)	panjere	پنجره
couloir (m)	rāhrow	راهرو

106. Le train

train (m)	qatār	قطار
train (m) de banlieue	qatār-e barqi	قطار برقی
TGV (m)	qatār-e sari'osseyr	قطار رسیع السیر
locomotive (f) diesel	lokomotiv-e dizel	لوکوموتیو دیزل
locomotive (f) à vapeur	lokomotiv-e boxār	لوکوموتیو بخار
wagon (m)	vāgon	واگن
wagon-restaurant (m)	vāgon-e resturān	واگن رستوران
rails (m pl)	reyl-hā	ریل ها
chemin (m) de fer	rāh āhan	راه آهن
traverse (f)	reyl-e band	ریل بند
quai (m)	sakku-ye rāh-āhan	سکوی راه آهن
voie (f)	masir	مسیر
sémaphore (m)	nešanar	نشانر
station (f)	istgāh	ایستگاه
conducteur (m) de train	rānande	راننده
porteur (m)	bārbar	باربر
steward (m)	rāhnamā-ye qatār	راهنمای قطار
passager (m)	mosāfer	مسافر
contrôleur (m) de billets	kontrol či	کنترل چی
couloir (m)	rāhrow	راهرو
frein (m) d'urgence	tormoz-e ezterāri	ترمز اضطراری
compartiment (m)	kupe	کوپه
couchette (f)	taxt-e kupe	تخت کوپه
couchette (f) d'en haut	taxt-e bālā	تخت بالا
couchette (f) d'en bas	taxt-e pāyin	تخت پایین
linge (m) de lit	raxt-e xāb	رخت خواب
ticket (m)	belit	بلیط
horaire (m)	barnāme	برنامه
tableau (m) d'informations	barnāme-ye zamāni	برنامه زمانی
partir (vi)	tark kardan	ترک کردن
départ (m) (du train)	harekat	حرکت
arriver (le train)	residan	رسیدن
arrivée (f)	vorud	ورود
arriver en train	bā qatār āmadan	با قطار آمدن
prendre le train	savār-e qatār šodan	سوار قطار شدن
descendre du train	az qatār piyāde šodan	از قطار پیاده شدن
accident (m) ferroviaire	sānehe	سانحه
dérailler (vi)	az xat xārej šodan	از خط خارج شدن
locomotive (f) à vapeur	lokomotiv-e boxār	لوکوموتیو بخار
chauffeur (m)	ātaškār	آتشکار
chauffe (f)	ātašdān	آتشدان
charbon (m)	zoqāl sang	زغال سنگ

107. Le bateau

bateau (m)	kešti	کشتی
navire (m)	kešti	کشتی
bateau (m) à vapeur	kešti-ye boxāri	کشتی بخاری
paquebot (m)	qāyeq-e rudxāne	قایق رودخانه
bateau (m) de croisière	kešti-ye tafrihi	کشتی تفریحی
croiseur (m)	razm nāv	رزم ناو
yacht (m)	qāyeq-e tafrihi	قایق تفریحی
remorqueur (m)	yadak keš	یدک کش
péniche (f)	kešti-ye bārkeše yadaki	کشتی بارکش یدکی
ferry (m)	kešti-ye farābar	کشتی فرابر
voilier (m)	kešti-ye bādbāni	کشتی بادبانی
brigantin (m)	košti dozdān daryā-yi	کشتی دزدان دریایی
brise-glace (m)	kešti-ye yaxšekan	کشتی یخ شکن
sous-marin (m)	zirdaryāyi	زیردریایی
canot (m) à rames	qāyeq	قایق
dinghy (m)	qāyeq-e tafrihi	قایق تفریحی
canot (m) de sauvetage	qāyeq-e nejāt	قایق نجات
canot (m) à moteur	qāyeq-e motori	قایق موتوری
capitaine (m)	kāpitān	کاپیتان
matelot (m)	malavān	ملوان
marin (m)	malavān	ملوان
équipage (m)	xadame	خدمه
maître (m) d'équipage	sar malavān	سر ملوان
mousse (m)	šāgerd-e malavān	شاگرد ملوان
cuisinier (m) du bord	āšpaz-e kešti	آشپز کشتی
médecin (m) de bord	pezešk-e kešti	پزشک کشتی
pont (m)	arše-ye kešti	عرشۀ کشتی
mât (m)	dakal	دکل
voile (f)	bādbān	بادبان
cale (f)	anbār	انبار
proue (f)	sine-ye kešti	سینه کشتی
poupe (f)	aqab kešti	عقب کشتی
rame (f)	pāru	پارو
hélice (f)	parvāne	پروانه
cabine (f)	otāq-e kešti	اتاق کشتی
carré (m) des officiers	otāq-e afsarān	اتاق افسران
salle (f) des machines	motor xāne	موتور خانه
passerelle (f)	pol-e farmāndehi	پل فرماندهی
cabine (f) de T.S.F.	kābin-e bisim	کابین بی سیم
onde (f)	mowj	موج
journal (m) de bord	roxdād nāme	رخداد نامه
longue-vue (f)	teleskop	تلسکوپ
cloche (f)	nāqus	ناقوس

pavillon (m)	parčam	پرچم
grosse corde (f) tressée	tanāb	طناب
nœud (m) marin	gereh	گره

rampe (f)	narde	نرده
passerelle (f)	pol	پل

ancre (f)	langar	لنگر
lever l'ancre	langar kešidan	لنگر کشیدن
jeter l'ancre	langar andāxtan	لنگر انداختن
chaîne (f) d'ancrage	zanjir-e langar	زنجیر لنگر

port (m)	bandar	بندر
embarcadère (m)	eskele	اسکله
accoster (vi)	pahlu gereftan	پهلو گرفتن
larguer les amarres	tark kardan	ترک کردن

voyage (m) (à l'étranger)	mosāferat	مسافرت
croisière (f)	safar-e daryāyi	سفر دریایی
cap (m) (suivre un ~)	masir	مسیر
itinéraire (m)	masir	مسیر

chenal (m)	kešti-ye ru	کشتی رو
bas-fond (m)	mahall-e kam omq	محل کم عمق
échouer sur un bas-fond	be gel nešastan	به گل نشستن

tempête (f)	tufān	طوفان
signal (m)	alāmat	علامت
sombrer (vi)	qarq šodan	غرق شدن
Un homme à la mer!	kas-i dar hāl-e qarq šodan-ast!	کسی در حال غرق شدن است!
SOS (m)	sos	SOS
bouée (f) de sauvetage	kamarband-e nejāt	کمربند نجات

108. L'aéroport

aéroport (m)	forudgāh	فرودگاه
avion (m)	havāpeymā	هواپیما
compagnie (f) aérienne	šerkat-e havāpeymāyi	شرکت هواپیمایی
contrôleur (m) aérien	ma'mur-e kontorol-e terāfik-e havāyi	مأمور کنترل ترافیک هوایی

départ (m)	azimat	عزیمت
arrivée (f)	vorud	ورود
arriver (par avion)	residan	رسیدن

temps (m) de départ	zamān-e parvāz	زمان پرواز
temps (m) d'arrivée	zamān-e vorud	زمان ورود

être retardé	ta'xir kardan	تأخیر کردن
retard (m) de l'avion	ta'xir-e parvāz	تأخیر پرواز

tableau (m) d'informations	tāblo-ye ettelā'āt	تابلوی اطلاعات
information (f)	ettelā'āt	اطلاعات

annoncer (vt)	e'lām kardan	اعلام کردن
vol (m)	parvāz	پرواز
douane (f)	gomrok	گمرک
douanier (m)	ma'mur-e gomrok	مأمور گمرک
déclaration (f) de douane	ežhār-nāme	اظهارنامه
remplir (vt)	por kardan	پر کردن
remplir la déclaration	ezhār-nāme rā por kardan	اظهارنامه را پر کردن
contrôle (m) de passeport	kontorol-e gozarnāme	کنترل گذرنامه
bagage (m)	bār	بار
bagage (m) à main	bār-e dasti	بار دستی
chariot (m)	čarx-e hamle bar	چرخ حمل بار
atterrissage (m)	forud	فرود
piste (f) d'atterrissage	bānd-e forudgāh	باند فرودگاه
atterrir (vi)	nešastan	نشستن
escalier (m) d'avion	pellekān	پلکان
enregistrement (m)	ček in	چک این
comptoir (m) d'enregistrement	bāje-ye kontorol	باجه کنترل
s'enregistrer (vp)	čekin kardan	چکاین کردن
carte (f) d'embarquement	kārt-e parvāz	کارت پرواز
porte (f) d'embarquement	gi-yat xoruj	گیت خروج
transit (m)	terānzit	ترانزیت
attendre (vt)	montazer budan	منتظر بودن
salle (f) d'attente	tālār-e entezār	تالار انتظار
raccompagner (à l'aéroport, etc.)	badraqe kardan	بدرقه کردن
dire au revoir	xodāhāfezi kardan	خداحافظی کردن

Les grands événements de la vie

109. Les fêtes et les événements

fête (f)	jašn	جشن
fête (f) nationale	eyd-e melli	عید ملی
jour (m) férié	ruz-e jašn	روز جشن
fêter (vt)	jašn gereftan	جشن گرفتن
événement (m) (~ du jour)	vāqe'e	واقعه
événement (m) (soirée, etc.)	ruydād	رویداد
banquet (m)	ziyāfat	ضیافت
réception (f)	ziyāfat	ضیافت
festin (m)	jašn	جشن
anniversaire (m)	sālgard	سالگرد
jubilé (m)	sālgard	سالگرد
célébrer (vt)	jašn gereftan	جشن گرفتن
Nouvel An (m)	sāl-e now	سال نو
Bonne année!	sāl-e now mobārak	سال نو مبارک
Père Noël (m)	bābā noel	بابا نوئل
Noël (m)	kerismas	کریسمس
Joyeux Noël!	kerismas mobārak!	کریسمس مبارک!
arbre (m) de Noël	kāj kerismas	کاج کریسمس
feux (m pl) d'artifice	ātaš-e bāzi	آتش بازی
mariage (m)	arusi	عروسی
fiancé (m)	dāmād	داماد
fiancée (f)	arus	عروس
inviter (vt)	da'vat kardan	دعوت کردن
lettre (f) d'invitation	da'vatnāme	دعوتنامه
invité (m)	mehmān	مهمان
visiter (~ les amis)	be mehmāni raftan	به مهمانی رفتن
accueillir les invités	az mehmānān esteqbāl kardan	از مهمانان استقبال کردن
cadeau (m)	hedye	هدیه
offrir (un cadeau)	hadye dādan	هدیه دادن
recevoir des cadeaux	hediye gereftan	هدیه گرفتن
bouquet (m)	daste-ye gol	دسته گل
félicitations (f pl)	tabrik	تبریک
féliciter (vt)	tabrik goftan	تبریک گفتن
carte (f) de veux	kārt-e tabrik	کارت تبریک
envoyer une carte	kārt-e tabrik ferestādan	کارت تبریک فرستادن

recevoir une carte	kārt-e tabrik gereftan	کارت تبریک گرفتن
toast (m)	be salāmati-ye kas-i nušidan	به سلامتی کسی نوشیدن
offrir (un verre, etc.)	pazirāyi kardan	پذیرایی کردن
champagne (m)	šāmpāyn	شامپاین
s'amuser (vp)	šādi kardan	شادی کردن
gaieté (f)	šādi	شادی
joie (f) (émotion)	maserrat	مسرت
danse (f)	raqs	رقص
danser (vi, vt)	raqsidan	رقصیدن
valse (f)	raqs-e vāls	رقص والس
tango (m)	raqs tāngo	رقص تانگو

110. L'enterrement. Le deuil

cimetière (m)	qabrestān	قبرستان
tombe (f)	qabr	قبر
croix (f)	salib	صلیب
pierre (f) tombale	sang-e qabr	سنگ قبر
clôture (f)	hesār	حصار
chapelle (f)	kelisā-ye kučak	کلیسای کوچک
mort (f)	marg	مرگ
mourir (vi)	mordan	مردن
défunt (m)	marhum	مرحوم
deuil (m)	azā	عزا
enterrer (vt)	dafn kardan	دفن کردن
maison (f) funéraire	xadamat-e kafno dafn	خدمات کفن ودفن
enterrement (m)	tašyi-'e jenāze	تشییع جنازه
couronne (f)	tāj-e gol	تاج گل
cercueil (m)	tābut	تابوت
corbillard (m)	na'š keš	نعش کش
linceul (m)	kafan	کفن
cortège (m) funèbre	tašyi-'e jenāze	تشییع جنازه
urne (f) funéraire	zarf-e xākestar-e morde	ظرف خاکستر مرده
crématoire (m)	morde suz xāne	مرده سوز خانه
nécrologue (m)	āgahi-ye tarhim	آگهی ترحیم
pleurer (vi)	gerye kardan	گریه کردن
sangloter (vi)	zār zār gerye kardan	زار زارگریه کردن

111. La guerre. Les soldats

section (f)	daste	دسته
compagnie (f)	goruhān	گروهان
régiment (m)	hang	هنگ
armée (f)	arteš	ارتش

Français	Persan (translittération)	Persan
division (f)	laškar	لشكر
détachement (m)	daste	دسته
armée (f) (Moyen Âge)	laškar	لشكر
soldat (m) (un militaire)	sarbāz	سرباز
officier (m)	afsar	افسر
soldat (m) (grade)	sarbāz	سرباز
sergent (m)	goruhbān	گروهبان
lieutenant (m)	sotvān	ستوان
capitaine (m)	kāpitān	کاپیتان
commandant (m)	sargord	سرگرد
colonel (m)	sarhang	سرهنگ
général (m)	ženerāl	ژنرال
marin (m)	malavān	ملوان
capitaine (m)	kāpitān	کاپیتان
maître (m) d'équipage	sar malavān	سر ملوان
artilleur (m)	tupči	توپچی
parachutiste (m)	sarbāz-e čatrbāz	سرباز چترباز
pilote (m)	xalabān	خلبان
navigateur (m)	nāvbar	ناور
mécanicien (m)	mekānik	مکانیک
démineur (m)	mohandes estehkāmāt	مهندس استحکامات
parachutiste (m)	čatr bāz	چترباز
éclaireur (m)	ettelā'āti	اطلاعاتی
tireur (m) d'élite	tak tir andāz	تک تیر انداز
patrouille (f)	gašt	گشت
patrouiller (vi)	gašt zadan	گشت زدن
sentinelle (f)	negahbān	نگهبان
guerrier (m)	jangju	جنگجو
patriote (m)	mihan parast	میهن پرست
héros (m)	qahremān	قهرمان
héroïne (f)	qahremān-e zan	قهرمان زن
traître (m)	xāen	خائن
trahir (vt)	xiyānat kardan	خیانت کردن
déserteur (m)	farāri	فراری
déserter (vt)	farāri budan	فراری بودن
mercenaire (m)	mozdur	مزدور
recrue (f)	sarbāz-e jadid	سرباز جدید
volontaire (m)	dāvtalab	داوطلب
mort (m)	morde	مرده
blessé (m)	zaxmi	زخمی
prisonnier (m) de guerre	asir	اسیر

112. La guerre. Partie 1

guerre (f)	jang	جنگ
faire la guerre	jangidan	جنگیدن
guerre (f) civile	jang-e dāxeli	جنگ داخلی
perfidement (adv)	xāenāne	خائنانه
déclaration (f) de guerre	e'lān-e jang	اعلان جنگ
déclarer (la guerre)	e'lān kardan	اعلان کردن
agression (f)	tajāvoz	تجاوز
attaquer (~ un pays)	hamle kardan	حمله کردن
envahir (vt)	tajāvoz kardan	تجاوز کردن
envahisseur (m)	tajāvozgar	تجاوزگر
conquérant (m)	fāteh	فاتح
défense (f)	defā'	دفاع
défendre (vt)	defā' kardan	دفاع کردن
se défendre (vp)	az xod defā' kardan	از خود دفاع کردن
ennemi (m)	došman	دشمن
adversaire (m)	moxālef	مخالف
ennemi (adj) (territoire ~)	došman	دشمن
stratégie (f)	rāhbord	راهبرد
tactique (f)	tāktik	تاکتیک
ordre (m)	farmān	فرمان
commande (f)	dastur	دستور
ordonner (vt)	farmān dādan	فرمان دادن
mission (f)	ma'muriyat	مأموریت
secret (adj)	mahramāne	محرمانه
bataille (f)	jang	جنگ
combat (m)	nabard	نبرد
attaque (f)	hamle	حمله
assaut (m)	yureš	یورش
prendre d'assaut	yureš bordan	یورش بردن
siège (m)	mohāsere	محاصره
offensive (f)	hamle	حمله
passer à l'offensive	hamle kardan	حمله کردن
retraite (f)	aqab nešini	عقب نشینی
faire retraite	aqab nešini kardan	عقب نشینی کردن
encerclement (m)	mohāsere	محاصره
encercler (vt)	mohāsere kardan	محاصره کردن
bombardement (m)	bombārān-e havāyi	بمباران هوایی
lancer une bombe	bomb āndaxtan	بمب انداختن
bombarder (vt)	bombārān kardan	بمباران کردن
explosion (f)	enfejār	انفجار
coup (m) de feu	tirandāzi	تیراندازی

tirer un coup de feu	tirandāzi kardan	تیراندازی کردن
fusillade (f)	tirandāzi	تیراندازی
viser ... (cible)	nešāne raftan	نشانه رفتن
pointer (sur ...)	šhellik kardan	شلیک کردن
atteindre (cible)	residan	رسیدن
faire sombrer	qarq šodan	غرق شدن
trou (m) (dans un bateau)	surāx	سوراخ
sombrer (navire)	qarq šodan	غرق شدن
front (m)	jebhe	جبهه
évacuation (f)	taxliye	تخلیه
évacuer (vt)	taxliye kardan	تخلیه کردن
tranchée (f)	sangar	سنگر
barbelés (m pl)	sim-e xārdār	سیم خاردار
barrage (m) (~ antichar)	hesār	حصار
tour (f) de guet	borj	برج
hôpital (m)	bimārestān-e nezāmi	بیمارستان نظامی
blesser (vt)	majruh kardan	مجروح کردن
blessure (f)	zaxm	زخم
blessé (m)	zaxmi	زخمی
être blessé	zaxmi šodan	زخمی شدن
grave (blessure)	zaxm-e saxt	زخم سخت

113. La guerre. Partie 2

captivité (f)	esārat	اسارت
captiver (vt)	be esārat gereftan	به اسارت گرفتن
être prisonnier	dar esārat budan	در اسارت بودن
être fait prisonnier	be esārat oftādan	به اسارت افتادن
camp (m) de concentration	ordugāh-e kār-e ejbāri	اردوگاه کار اجباری
prisonnier (m) de guerre	asir	اسیر
s'enfuir (vp)	farār kardan	فرار کردن
trahir (vt)	xiyānat kardan	خیانت کردن
traître (m)	xāen	خائن
trahison (f)	xiyānat	خیانت
fusiller (vt)	tirbārān kardan	تیرباران کردن
fusillade (f) (exécution)	tirbārān	تیرباران
équipement (m) (uniforme, etc.)	uniform	یونیفرم
épaulette (f)	daraje-ye sarduši	درجه سردوشی
masque (m) à gaz	māsk-e zedd-e gāz	ماسک ضد گاز
émetteur (m) radio	dastgāh-e bisim	دستگاه بی سیم
chiffre (m) (code)	ramz	رمز
conspiration (f)	mahramāne budan	محرمانه بودن
mot (m) de passe	ramz	رمز

mine (f) terrestre	min	مین
miner (poser des mines)	min gozāštan	مین گذاشتن
champ (m) de mines	meydān-e min	میدان مین
alerte (f) aérienne	āžir-e havāyi	آژیر هوایی
signal (m) d'alarme	āžir	آژیر
signal (m)	alāmat	علامت
fusée signal (f)	monavvar	منور
état-major (m)	setād	ستاد
reconnaissance (f)	šenāsāyi	شناسایی
situation (f)	vaz'iyat	وضعیت
rapport (m)	gozāreš	گزارش
embuscade (f)	kamin	کمین
renfort (m)	taqviyat	تقویت
cible (f)	hadaf giri	هدف گیری
polygone (m)	meydān-e tir	میدان تیر
manœuvres (f pl)	mānovr	مانور
panique (f)	vahšat	وحشت
dévastation (f)	xarābi	خرابی
destructions (f pl) (ruines)	xarābi-hā	خرابی ها
détruire (vt)	xarāb kardan	خراب کردن
survivre (vi)	zende māndan	زنده ماندن
désarmer (vt)	xal'-e selāh kardan	خلع سلاح کردن
manier (une arme)	be kār bordan	به کار بردن
Garde-à-vous! Fixe!	xabardār!	خبردار!
Repos!	āzād!	آزاد!
exploit (m)	delāvari	دلاوری
serment (m)	sowgand	سوگند
jurer (de faire qch)	sowgand xordan	سوگند خوردن
décoration (f)	pādāš	پاداش
décorer (de la médaille)	medāl dādan	مدال دادن
médaille (f)	medāl	مدال
ordre (m) (~ du Mérite)	nešān	نشان
victoire (f)	piruzi	پیروزی
défaite (f)	šekast	شکست
armistice (m)	ātaš bas	آتش بس
drapeau (m)	parčam	پرچم
gloire (f)	eftexār	افتخار
défilé (m)	reže	رژه
marcher (défiler)	reže raftan	رژه رفتن

114. Les armes

arme (f)	selāh	سلاح
armes (f pl) à feu	aslahe-ye garm	اسلحهٔ گرم

armes (f pl) blanches	aslahe-ye sard	اسلحهٔ سرد
arme (f) chimique	taslihāt-e šimiyāyi	تسلیحات شیمیایی
nucléaire (adj)	haste i	هسته ای
arme (f) nucléaire	taslihāt-e hastei	تسلیحات هسته ای
bombe (f)	bomb	بمب
bombe (f) atomique	bomb-e atomi	بمب اتمی
pistolet (m)	kolt	کلت
fusil (m)	tofang	تفنگ
mitraillette (f)	mosalsal-e xodkār	مسلسل خودکار
mitrailleuse (f)	mosalsal	مسلسل
bouche (f)	sar-e lule-ye tofang	سر لوله تفنگ
canon (m)	lule-ye tofang	لوله تفنگ
calibre (m)	kālibr	کالیبر
gâchette (f)	māše	ماشه
mire (f)	nešāne ravi	نشانه روی
magasin (m)	xešāb	خشاب
crosse (f)	qondāq	قنداق
grenade (f) à main	nārenjak	نارنجک
explosif (m)	mādde-ye monfajere	مادهٔ منفجره
balle (f)	golule	گلوله
cartouche (f)	fešang	فشنگ
charge (f)	mohemmāt	مهمات
munitions (f pl)	mohemmāt	مهمات
bombardier (m)	bomb-afkan	بمب‌افکن
avion (m) de chasse	jangande	جنگنده
hélicoptère (m)	helikopter	هلیکوپتر
pièce (f) de D.C.A.	tup-e zedd-e havāyi	توپ ضد هوایی
char (m)	tānk	تانک
canon (m) d'un char	tup	توپ
artillerie (f)	tupxāne	توپخانه
canon (m)	tofang	تفنگ
pointer (~ l'arme)	šellik kardan	شلیک کردن
obus (m)	xompāre	خمپاره
obus (m) de mortier	xompāre	خمپاره
mortier (m)	xompāre andāz	خمپاره انداز
éclat (m) d'obus	tarkeš	ترکش
sous-marin (m)	zirdaryāyi	زیردریایی
torpille (f)	eždar	اژدر
missile (m)	mušak	موشک
charger (arme)	por kardan	پر کردن
tirer (vi)	tirandāzi kardan	تیراندازی کردن
viser ... (cible)	nešāne raftan	نشانه رفتن
baïonnette (f)	sarneyze	سرنیزه
épée (f)	šamšir	شمشیر

sabre (m)	šamšir	شمشیر
lance (f)	neyze	نیزه
arc (m)	kamān	کمان
flèche (f)	tir	تیر
mousquet (m)	tofang fetile-i	تفنگ فتیله‌ای
arbalète (f)	kamān zanburak-i	کمان زنبورکی

115. Les hommes préhistoriques

primitif (adj)	avvaliye	اولیه
préhistorique (adj)	piš az tārix	پیش از تاریخ
ancien (adj)	qadimi	قدیمی
Âge (m) de pierre	asr-e hajar	عصر حجر
Âge (m) de bronze	asr-e mafraq	عصر مفرغ
période (f) glaciaire	dowre-ye yaxbandān	دورهٔ یخبندان
tribu (f)	qabile	قبیله
cannibale (m)	ādam xār	آدم خوار
chasseur (m)	šekārči	شکارچی
chasser (vi, vt)	šekār kardan	شکار کردن
mammouth (m)	māmut	ماموت
caverne (f)	qār	غار
feu (m)	ātaš	آتش
feu (m) de bois	ātaš	آتش
dessin (m) rupestre	qār negāre	غار نگاره
outil (m)	abzār-e kār	ابزار کار
lance (f)	neyze	نیزه
hache (f) en pierre	tabar-e sangi	تبر سنگی
faire la guerre	jangidan	جنگیدن
domestiquer (vt)	rām kardan	رام کردن
idole (f)	bot	بت
adorer, vénérer (vt)	parastidan	پرستیدن
superstition (f)	xorāfe	خرافه
rite (m)	marāsem	مراسم
évolution (f)	takāmol	تکامل
développement (m)	pišraft	پیشرفت
disparition (f)	enqerāz	انقراض
s'adapter (vp)	sāzgār šodan	سازگار شدن
archéologie (f)	bāstān-šenāsi	باستان شناسی
archéologue (m)	bāstān-šenās	باستان شناس
archéologique (adj)	bāstān-šenāsi	باستان شناسی
site (m) d'excavation	mahall-e haffārihā	محل حفاری ها
fouilles (f pl)	haffāri-hā	حفاری ها
trouvaille (f)	yāfteh	یافته
fragment (m)	qet'e	قطعه

116. Le Moyen Âge

peuple (m)	mellat	ملت
peuples (m pl)	mellat-hā	ملت ها
tribu (f)	qabile	قبیله
tribus (f pl)	qabāyel	قبایل
Barbares (m pl)	barbar-hā	بربر ها
Gaulois (m pl)	gul-hā	گول ها
Goths (m pl)	gat-hā	گت ها
Slaves (m pl)	eslāv-hā	اسلاو ها
Vikings (m pl)	vāyking-hā	وایکینگ ها
Romains (m pl)	rumi-hā	رومی ها
romain (adj)	rumi	رومی
byzantins (m pl)	bizānsi-hā	بیزانسی ها
Byzance (f)	bizāns	بیزانس
byzantin (adj)	bizānsi	بیزانسی
empereur (m)	emperātur	امپراطور
chef (m)	rahbar	رهبر
puissant (adj)	moqtader	مقتدر
roi (m)	šāh	شاه
gouverneur (m)	hākem	حاکم
chevalier (m)	šovālie	شوالیه
féodal (m)	feodāl	فئودال
féodal (adj)	feodāli	فئودالی
vassal (m)	ra'yat	رعیت
duc (m)	duk	دوک
comte (m)	kont	کنت
baron (m)	bāron	بارون
évêque (m)	osqof	اسقف
armure (f)	zereh	زره
bouclier (m)	separ	سپر
glaive (m)	šamšir	شمشیر
visière (f)	labe-ye kolāh	لبه کلاه
cotte (f) de mailles	jowšan	جوشن
croisade (f)	jang-e salibi	جنگ صلیبی
croisé (m)	jangju-ye salibi	جنگجوی صلیبی
territoire (m)	qalamrow	قلمرو
attaquer (~ un pays)	hamle kardan	حمله کردن
conquérir (vt)	fath kardan	فتح کردن
occuper (envahir)	ešqāl kardan	اشغال کردن
siège (m)	mohāsere	محاصره
assiégé (adj)	mahsur	محصور
assiéger (vt)	mohāsere kardan	محاصره کردن
inquisition (f)	taftiš-e aqāyed	تفتیش عقاید
inquisiteur (m)	mofatteš	مفتش

torture (f)	šekanje	شکنجه
cruel (adj)	bi rahm	بی رحم
hérétique (m)	molhed	ملحد
hérésie (f)	ertedād	ارتداد
navigation (f) en mer	daryānavardi	دریانوردی
pirate (m)	dozd-e daryāyi	دزد دریایی
piraterie (f)	dozdi-ye daryāyi	دزدی دریایی
abordage (m)	hamle ruye arše	حمله روی عرشه
butin (m)	qanimat	غنیمت
trésor (m)	ganj	گنج
découverte (f)	kašf	کشف
découvrir (vt)	kašf kardan	کشف کردن
expédition (f)	safar	سفر
mousquetaire (m)	tofangdār	تفنگدار
cardinal (m)	kārdināl	کاردینال
héraldique (f)	nešān-šenāsi	نشان شناسی
héraldique (adj)	manquš	منقوش

117. Les dirigeants. Les responsables. Les autorités

roi (m)	šāh	شاه
reine (f)	maleke	ملکه
royal (adj)	šāhi	شاهی
royaume (m)	pādšāhi	پادشاهی
prince (m)	šāhzāde	شاهزاده
princesse (f)	pranses	پرنسس
président (m)	ra'is jomhur	رئیس جمهور
vice-président (m)	mo'āven-e rais-e jomhur	معاون رئیس جمهور
sénateur (m)	senātor	سناتور
monarque (m)	pādšāh	پادشاه
gouverneur (m)	hākem	حاکم
dictateur (m)	diktātor	دیکتاتور
tyran (m)	zālem	ظالم
magnat (m)	najib zāde	نجیب زاده
directeur (m)	modir	مدیر
chef (m)	ra'is	رئیس
gérant (m)	modir	مدیر
boss (m)	ra'is	رئیس
patron (m)	sāheb	صاحب
leader (m)	rahbar	رهبر
chef (m) (~ d'une délégation)	ra'is	رئیس
autorités (f pl)	maqāmāt	مقامات
supérieurs (m pl)	roasā	رؤسا
gouverneur (m)	farmāndār	فرماندار
consul (m)	konsul	کنسول

diplomate (m)	diplomāt	ديپلمات
maire (m)	šahrdār	شهردار
shérif (m)	kalāntar	كلانتر
empereur (m)	emperātur	امپراطور
tsar (m)	tezār	تزار
pharaon (m)	fer'own	فرعون
khan (m)	xān	خان

118. Les crimes. Les criminels. Partie 1

bandit (m)	rāhzan	راهزن
crime (m)	jenāyat	جنايت
criminel (m)	jenāyatkār	جنايتكار
voleur (m)	dozd	دزد
voler (qch à qn)	dozdidan	دزديدن
vol (m) (activité)	dozdi	دزدى
vol (m) (~ à la tire)	serqat	سرقت
kidnapper (vt)	ādam robudan	آدم ربودن
kidnapping (m)	ādam robāyi	آدم ربايى
kidnappeur (m)	ādam robā	آدم ربا
rançon (f)	bāj	باج
exiger une rançon	bāj xāstan	باج خواستن
cambrioler (vt)	serqat kardan	سرقت كردن
cambriolage (m)	serqat	سرقت
cambrioleur (m)	qāratgar	غارتگر
extorquer (vt)	axxāzi kardan	اخاذى كردن
extorqueur (m)	axxāz	اخاذ
extorsion (f)	axxāzi	اخاذى
tuer (vt)	koštan	كشتن
meurtre (m)	qatl	قتل
meurtrier (m)	qātel	قاتل
coup (m) de feu	tirandāzi	تيراندازى
tirer un coup de feu	tirandāzi kardan	تيراندازى كردن
abattre (par balle)	bā tir zadan	با تير زدن
tirer (vi)	tirandāzi kardan	تيراندازى كردن
coups (m pl) de feu	tirandāzi	تيراندازى
incident (m)	vāqe'e	واقعه
bagarre (f)	zad-o xord	زد و خورد
Au secours!	komak!	كمك!
victime (f)	qorbāni	قربانى
endommager (vt)	xesārat resāndan	خسارت رساندن
dommage (m)	xesārat	خسارت
cadavre (m)	jasad	جسد
grave (~ crime)	vaxim	وخيم

attaquer (vt)	hamle kardan	حمله کردن
battre (frapper)	zadan	زدن
passer à tabac	kotak zadan	کتک زدن
prendre (voler)	bezur gereftan	به زور گرفتن
poignarder (vt)	čāqu zadan	چاقو زدن
mutiler (vt)	ma'yub kardan	معیوب کردن
blesser (vt)	majruh kardan	مجروح کردن
chantage (m)	šāntāž	شانتاژ
faire chanter	axxāzi kardan	اخاذی کردن
maître (m) chanteur	axxāz	اخاذ
racket (m) de protection	axxāzi	اخاذی
racketteur (m)	axxāz	اخاذ
gangster (m)	gāngester	گانگستر
mafia (f)	māfiyā	مافیا
pickpocket (m)	jib bor	جیب بر
cambrioleur (m)	sāreq	سارق
contrebande (f) (trafic)	qāčāq	قاچاق
contrebandier (m)	qāčāqči	قاچاقچی
contrefaçon (f)	qollābi	قلابی
falsifier (vt)	ja'l kardan	جعل کردن
faux (falsifié)	ja'li	جعلی

119. Les crimes. Les criminels. Partie 2

viol (m)	tajāvoz be nāmus	تجاوز به ناموس
violer (vt)	tajāvoz kardan	تجاوز کردن
violeur (m)	zenā konande	زنا کننده
maniaque (m)	majnun	مجنون
prostituée (f)	fāheše	فاحشه
prostitution (f)	fāhešegi	فاحشگی
souteneur (m)	jākeš	جاکش
drogué (m)	mo'tād	معتاد
trafiquant (m) de drogue	forušande-ye mavādd-e moxadder	فروشندهٔ مواد مخدر
faire exploser	monfajer kardan	منفجر کردن
explosion (f)	enfejār	انفجار
mettre feu	ātaš zadan	آتش زدن
incendiaire (m)	ātaš afruz	آتش افروز
terrorisme (m)	terorism	تروریسم
terroriste (m)	terorist	تروریست
otage (m)	gerowgān	گروگان
escroquer (vt)	farib dādan	فریب دادن
escroquerie (f)	farib	فریب
escroc (m)	hoqqe bāz	حقه باز
soudoyer (vt)	rešve dādan	رشوه دادن

corruption (f)	rešve	رشوه
pot-de-vin (m)	rešve	رشوه
poison (m)	zahr	زهر
empoisonner (vt)	masmum kardan	مسموم کردن
s'empoisonner (vp)	masmum šodan	مسموم شدن
suicide (m)	xod-koši	خودکشی
suicidé (m)	xod-koši konande	خودکشی کننده
menacer (vt)	tahdid kardan	تهدید کردن
menace (f)	tahdid	تهدید
attenter (vt)	su'-e qasd kardan	سوء قصد کردن
attentat (m)	su'-e qasd	سوء قصد
voler (un auto)	robudan	ربودن
détourner (un avion)	havāpeymā robāyi	هواپیما ربایی
vengeance (f)	enteqām	انتقام
se venger (vp)	enteqām gereftan	انتقام گرفتن
torturer (vt)	šekanje dādan	شکنجه دادن
torture (f)	šekanje	شکنجه
tourmenter (vt)	aziyat kardan	اذیت کردن
pirate (m)	dozd-e daryāyi	دزد دریایی
voyou (m)	owbāš	اوباش
armé (adj)	mosallah	مسلح
violence (f)	xošunat	خشونت
illégal (adj)	qeyr-e qānuni	غیر قانونی
espionnage (m)	jāsusi	جاسوسی
espionner (vt)	jāsusi kardan	جاسوسی کردن

120. La police. La justice. Partie 1

justice (f)	edālat	عدالت
tribunal (m)	dādgāh	دادگاه
juge (m)	qāzi	قاضی
jury (m)	hey'at-e monsefe	هیئت منصفه
cour (f) d'assises	hey'at-e monsefe	هیئت منصفه
juger (vt)	mohākeme kardan	محاکمه کردن
avocat (m)	vakil	وکیل
accusé (m)	mottaham	متهم
banc (m) des accusés	jāygāh-e mottaham	جایگاه متهم
inculpation (f)	ettehām	اتهام
inculpé (m)	mottaham	متهم
condamnation (f)	hokm	حکم
condamner (vt)	mahkum kardan	محکوم کردن
coupable (m)	moqasser	مقصر

punir (vt)	mojāzāt kardan	مجازات کردن
punition (f)	mojāzāt	مجازات
amende (f)	jarime	جریمه
détention (f) à vie	habs-e abad	حبس ابد
peine (f) de mort	e'dām	اعدام
chaise (f) électrique	sandali-ye barqi	صندلی برقی
potence (f)	čube-ye dār	چوبه دار
exécuter (vt)	e'dām kardan	اعدام کردن
exécution (f)	e'dām	اعدام
prison (f)	zendān	زندان
cellule (f)	sellul-e zendān	سلول زندان
escorte (f)	eskort	اسکورت
gardien (m) de prison	negahbān zendān	نگهبان زندان
prisonnier (m)	zendāni	زندانی
menottes (f pl)	dastband	دستبند
mettre les menottes	dastband zadan	دستبند زدن
évasion (f)	farār	فرار
s'évader (vp)	farār kardan	فرار کردن
disparaître (vi)	nāpadid šodan	ناپدید شدن
libérer (vt)	āzād kardan	آزاد کردن
amnistie (f)	afv-e omumi	عفو عمومی
police (f)	polis	پلیس
policier (m)	polis	پلیس
commissariat (m) de police	kalāntari	کلانتری
matraque (f)	bātum	باتوم
haut parleur (m)	bolandgu	بلندگو
voiture (f) de patrouille	māšin-e gašt	ماشین گشت
sirène (f)	āžir-e xatar	آژیر خطر
enclencher la sirène	āžir rā rowšan kardan	آژیررا روشن کردن
hurlement (m) de la sirène	sedā-ye āžir	صدای آژیر
lieu (m) du crime	mahall-e jenāyat	محل جنایت
témoin (m)	šāhed	شاهد
liberté (f)	āzādi	آزادی
complice (m)	hamdast	همدست
s'enfuir (vp)	maxfi šodan	مخفی شدن
trace (f)	rad	رد

121. La police. La justice. Partie 2

recherche (f)	jostoju	جستجو
rechercher (vt)	jostoju kardan	جستجو کردن
suspicion (f)	šok	شک
suspect (adj)	maškuk	مشکوک
arrêter (dans la rue)	motevaghef kardan	متوقف کردن
détenir (vt)	dastgir kardan	دستگیر کردن

affaire (f) (~ pénale)	parvande	پرونده
enquête (f)	tahqiq	تحقیق
détective (m)	kārāgāh	کارآگاه
enquêteur (m)	bāzpors	بازپرس
hypothèse (f)	farziye	فرضیه
motif (m)	angize	انگیزه
interrogatoire (m)	bāzporsi	بازپرسی
interroger (vt)	bāzporsi kardan	بازپرسی کردن
interroger (~ les voisins)	estentāq kardan	استنطاق کردن
inspection (f)	taftiš	تفتیش
rafle (f)	mohāsere	محاصره
perquisition (f)	taftiš	تفتیش
poursuite (f)	ta'qib	تعقیب
poursuivre (vt)	ta'qib kardan	تعقیب کردن
dépister (vt)	donbāl kardan	دنبال کردن
arrestation (f)	bāzdāšt	بازداشت
arrêter (vt)	bāzdāšt kardan	بازداشت کردن
attraper (~ un criminel)	dastgir kardan	دستگیر کردن
capture (f)	dastgiri	دستگیری
document (m)	sanad	سند
preuve (f)	esbāt	اثبات
prouver (vt)	esbāt kardan	اثبات کردن
empreinte (f) de pied	rad-e pā	رد پا
empreintes (f pl) digitales	asar-e angošt	اثر انگشت
élément (m) de preuve	šavāhed	شواهد
alibi (m)	ozr-e qeybat	عذر غیبت
innocent (non coupable)	bi gonāh	بی گناه
injustice (f)	bi edālati	بی عدالتی
injuste (adj)	qeyr-e ādelāne	غیر عادلانه
criminel (adj)	jenāyi	جنایی
confisquer (vt)	mosādere kardan	مصادره کردن
drogue (f)	mavādd-e moxadder	مواد مخدر
arme (f)	selāh	سلاح
désarmer (vt)	xal'-e selāh kardan	خلع سلاح کردن
ordonner (vt)	farmān dādan	فرمان دادن
disparaître (vi)	nāpadid šodan	ناپدید شدن
loi (f)	qānun	قانون
légal (adj)	qānuni	قانونی
illégal (adj)	qeyr-e qānuni	غیر قانونی
responsabilité (f)	mas'uliyat	مسئولیت
responsable (adj)	mas'ul	مسئول

LA NATURE

La Terre. Partie 1

122. L'espace cosmique

cosmos (m)	fazā	فضا
cosmique (adj)	fazāyi	فضایی
espace (m) cosmique	fazā-ye keyhān	فضای کیهان
monde (m)	jahān	جهان
univers (m)	giti	گیتی
galaxie (f)	kahkešān	کهکشان
étoile (f)	setāre	ستاره
constellation (f)	surat-e falaki	صورت فلکی
planète (f)	sayyāre	سیاره
satellite (m)	māhvāre	ماهواره
météorite (m)	sang-e āsmāni	سنگ آسمانی
comète (f)	setāre-ye donbāle dār	ستارۀ دنباله دار
astéroïde (m)	šahāb	شهاب
orbite (f)	madār	مدار
tourner (vi)	gardidan	گردیدن
atmosphère (f)	jav	جو
Soleil (m)	āftāb	آفتاب
système (m) solaire	manzume-ye šamsi	منظومه شمسی
éclipse (f) de soleil	koouf	کسوف
Terre (f)	zamin	زمین
Lune (f)	māh	ماه
Mars (m)	merrix	مریخ
Vénus (f)	zahre	زهره
Jupiter (m)	moštari	مشتری
Saturne (m)	zohal	زحل
Mercure (m)	atārod	عطارد
Uranus (m)	orānus	اورانوس
Neptune	nepton	نپتون
Pluton (m)	poloton	پلوتون
la Voie Lactée	kahkešān rāh-e širi	کهکشان راه شیری
la Grande Ours	dobb-e akbar	دب اکبر
la Polaire	setāre-ye qotbi	ستاره قطبی
martien (m)	merrixi	مریخی
extraterrestre (m)	farā zamini	فرا زمینی

alien (m)	mowjud fazāyi	موجود فضایی
soucoupe (f) volante	bošqāb-e parande	بشقاب پرنده
vaisseau (m) spatial	fazā peymā	فضا پیما
station (f) orbitale	istgāh-e fazāyi	ایستگاه فضایی
lancement (m)	rāh andāzi	راه اندازی
moteur (m)	motor	موتور
tuyère (f)	nāzel	نازل
carburant (m)	suxt	سوخت
cabine (f)	kābin	کابین
antenne (f)	ānten	آنتن
hublot (m)	panjere	پنجره
batterie (f) solaire	bātri-ye xoršidi	باطری خورشیدی
scaphandre (m)	lebās-e fazānavardi	لباس فضانوردی
apesanteur (f)	bi vazni	بی وزنی
oxygène (m)	oksižen	اکسیژن
arrimage (m)	vasl	وصل
s'arrimer à …	vasl kardan	وصل کردن
observatoire (m)	rasadxāne	رصدخانه
télescope (m)	teleskop	تلسکوپ
observer (vt)	mošāhede kardan	مشاهده کردن
explorer (un cosmos)	kašf kardan	کشف کردن

123. La Terre

Terre (f)	zamin	زمین
globe (m) terrestre	kare-ye zamin	کرهٔ زمین
planète (f)	sayyāre	سیاره
atmosphère (f)	jav	جو
géographie (f)	joqrāfiyā	جغرافیا
nature (f)	tabi'at	طبیعت
globe (m) de table	kare-ye joqrāfiyāyi	کرهٔ جغرافیایی
carte (f)	naqše	نقشه
atlas (m)	atlas	اطلس
Europe (f)	orupā	اروپا
Asie (f)	āsiyā	آسیا
Afrique (f)	āfriqā	آفریقا
Australie (f)	ostorāliyā	استرالیا
Amérique (f)	emrikā	امریکا
Amérique (f) du Nord	emrikā-ye šomāli	امریکای شمالی
Amérique (f) du Sud	emrikā-ye jonubi	امریکای جنوبی
l'Antarctique (m)	qotb-e jonub	قطب جنوب
l'Arctique (m)	qotb-e šomāl	قطب شمال

124. Les quatre parties du monde

nord (m)	šomāl	شمال
vers le nord	be šomāl	به شمال
au nord	dar šomāl	در شمال
du nord (adj)	šomāli	شمالی
sud (m)	jonub	جنوب
vers le sud	be jonub	به جنوب
au sud	dar jonub	در جنوب
du sud (adj)	jonubi	جنوبی
ouest (m)	qarb	غرب
vers l'occident	be qarb	به غرب
à l'occident	dar qarb	در غرب
occidental (adj)	qarbi	غربی
est (m)	šarq	شرق
vers l'orient	be šarq	به شرق
à l'orient	dar šarq	در شرق
oriental (adj)	šarqi	شرقی

125. Les océans et les mers

mer (f)	daryā	دریا
océan (m)	oqyānus	اقیانوس
golfe (m)	xalij	خلیج
détroit (m)	tange	تنگه
terre (f) ferme	zamin	زمین
continent (m)	qāre	قاره
île (f)	jazire	جزیره
presqu'île (f)	šeb-e jazire	شبه جزیره
archipel (m)	majma'-ol-jazāyer	مجمع‌الجزایر
baie (f)	xalij-e kučak	خلیج کوچک
port (m)	langargāh	لنگرگاه
lagune (f)	mordāb	مرداب
cap (m)	damāqe	دماغه
atoll (m)	jazire-ye marjāni	جزیره مرجانی
récif (m)	tappe-ye daryāyi	تپه دریایی
corail (m)	marjān	مرجان
récif (m) de corail	tappe-ye marjāni	تپه مرجانی
profond (adj)	amiq	عمیق
profondeur (f)	omq	عمق
abîme (m)	partgāh	پرتگاه
fosse (f) océanique	derāz godāl	درازگودال
courant (m)	jaryān	جریان
baigner (vt) (mer)	ehāte kardan	احاطه کردن

littoral (m)	sāhel	ساحل
côte (f)	sāhel	ساحل
marée (f) haute	mod	مد
marée (f) basse	jazr	جزر
banc (m) de sable	sāhel-e šeni	ساحل شنی
fond (m)	qa'r	قعر
vague (f)	mowj	موج
crête (f) de la vague	nok	نوک
mousse (f)	kaf	کف
tempête (f) en mer	tufān-e daryāyi	طوفان دریایی
ouragan (m)	tufān	طوفان
tsunami (m)	sonāmi	سونامی
calme (m)	sokun-e daryā	سکون دریا
calme (tranquille)	ārām	آرام
pôle (m)	qotb	قطب
polaire (adj)	qotbi	قطبی
latitude (f)	arz-e joqrāfiyāyi	عرض جغرافیایی
longitude (f)	tul-e joqrāfiyāyi	طول جغرافیایی
parallèle (f)	movāzi	موازی
équateur (m)	xatt-e ostavā	خط استوا
ciel (m)	āsemān	آسمان
horizon (m)	ofoq	افق
air (m)	havā	هوا
phare (m)	fānus-e daryāyi	فانوس دریایی
plonger (vi)	širje raftan	شیرجه رفتن
sombrer (vi)	qarq šodan	غرق شدن
trésor (m)	ganj	گنج

126. Les noms des mers et des océans

océan (m) Atlantique	oqyānus-e atlas	اقیانوس اطلس
océan (m) Indien	oqyānus-e hend	اقیانوس هند
océan (m) Pacifique	oqyānus-e ārām	اقیانوس آرام
océan (m) Glacial	oqyānus-e monjamed-e šomāli	اقیانوس منجمد شمالی
mer (f) Noire	daryā-ye siyāh	دریای سیاه
mer (f) Rouge	daryā-ye sorx	دریای سرخ
mer (f) Jaune	daryā-ye zard	دریای زرد
mer (f) Blanche	daryā-ye sefid	دریای سفید
mer (f) Caspienne	daryā-ye xazar	دریای خزر
mer (f) Morte	daryā-ye morde	دریای مرده
mer (f) Méditerranée	daryā-ye meditarāne	دریای مدیترانه
mer (f) Égée	daryā-ye eže	دریای اژه
mer (f) Adriatique	daryā-ye ādriyātik	دریای آدریاتیک

mer (f) Arabique	daryā-ye arab	دریای عرب
mer (f) du Japon	daryā-ye žāpon	دریای ژاپن
mer (f) de Béring	daryā-ye brinq	دریای برینگ
mer (f) de Chine Méridionale	daryā-ye čin-e jonubi	دریای چین جنوبی
mer (f) de Corail	daryā-ye marjān	دریای مرجان
mer (f) de Tasman	daryā-ye tās-emān	دریای تاسمان
mer (f) Caraïbe	daryā-ye kārāib	دریای کارائیب
mer (f) de Barents	daryā-ye barntz	دریای بارنتز
mer (f) de Kara	daryā-ye kārā	دریای کارا
mer (f) du Nord	daryā-ye šomāl	دریای شمال
mer (f) Baltique	daryā-ye bāltik	دریای بالتیک
mer (f) de Norvège	daryā-ye norvež	دریای نروژ

127. Les montagnes

montagne (f)	kuh	کوه
chaîne (f) de montagnes	rešte-ye kuh	رشته کوه
crête (f)	selsele-ye jebāl	سلسله جبال
sommet (m)	qolle	قله
pic (m)	qolle	قله
pied (m)	dāmane-ye kuh	دامنۀ کوه
pente (f)	šib	شیب
volcan (m)	ātaš-fešān	آتشفشان
volcan (m) actif	ātaš-fešān-e fa'āl	آتش فشان فعال
volcan (m) éteint	ātaš-fešān-e xāmuš	آتش فشان خاموش
éruption (f)	favarān	فوران
cratère (m)	dahāne-ye ātašfešān	دهانۀ آتش فشان
magma (m)	māgmā	ماگما
lave (f)	godāze	گدازه
en fusion (lave ~)	godāxte	گداخته
canyon (m)	tange	تنگ
défilé (m) (gorge)	darre-ye tang	دره تنگ
crevasse (f)	tange	تنگ
précipice (m)	partgāh	پرتگاه
col (m) de montagne	gozargāh	گذرگاه
plateau (m)	falāt	فلات
rocher (m)	saxre	صخره
colline (f)	tappe	تپه
glacier (m)	yaxčāl	یخچال
chute (f) d'eau	ābšār	آبشار
geyser (m)	češme-ye āb-e garm	چشمۀ آب گرم
lac (m)	daryāče	دریاچه
plaine (f)	jolge	جلگه
paysage (m)	manzare	منظره

écho (m)	en'ekās-e sowt	انعکاس صوت
alpiniste (m)	kuhnavard	کوهنورد
varappeur (m)	saxre-ye navard	صخره نورد
conquérir (vt)	fath kardan	فتح کردن
ascension (f)	so'ud	صعود

128. Les noms des chaînes de montagne

Alpes (f pl)	ālp	آلپ
Mont Blanc (m)	moan belān	مون بلان
Pyrénées (f pl)	pirene	پیرنه
Carpates (f pl)	kuhhā-ye kārpāt	کوههای کاریات
Monts Oural (m pl)	kuhe-i orāl	کوههای اورال
Caucase (m)	qafqāz	قفقاز
Elbrous (m)	alborz	البرز
Altaï (m)	āltāy	آلتای
Tian Chan (m)	tiyān šān	تیان شان
Pamir (m)	pāmir	پامیر
Himalaya (m)	himāliyā-vo	هیمالیا
Everest (m)	everest	اورست
Andes (f pl)	ānd	آند
Kilimandjaro (m)	kelimānjāro	کلیمانجارو

129. Les fleuves

rivière (f), fleuve (m)	rudxāne	رودخانه
source (f)	češme	چشمه
lit (m) (d'une rivière)	bastar	بستر
bassin (m)	howze	حوضه
se jeter dans ...	rixtan	ریختن
affluent (m)	enše'āb	انشعاب
rive (f)	sāhel	ساحل
courant (m)	jaryān	جریان
en aval	be samt-e pāin-e rudxāne	به سمت پائین رودخانه
en amont	be samt-e bālā-ye rudxāne	به سمت بالای رودخانه
inondation (f)	seyl	سیل
les grandes crues	toqyān	طغیان
déborder (vt)	toqyān kardan	طغیان کردن
inonder (vt)	toqyān kardan	طغیان کردن
bas-fond (m)	tangāb	تنگاب
rapide (m)	tondāb	تندآب
barrage (m)	sad	سد
canal (m)	kānāl	کانال
lac (m) de barrage	maxzan-e āb	مخزن آب

écluse (f)	ābgir	آبگیر
plan (m) d'eau	maxzan-e āb	مخزن آب
marais (m)	bātlāq	باتلاق
fondrière (f)	lajan zār	لجن زار
tourbillon (m)	gerdāb	گرداب
ruisseau (m)	ravad	رود
potable (adj)	āšāmidani	آشامیدنی
douce (l'eau ~)	širin	شیرین
glace (f)	yax	یخ
être gelé	yax bastan	یخ بستن

130. Les noms des fleuves

Seine (f)	sen	سن
Loire (f)	lavār	لوآر
Tamise (f)	timz	تیمز
Rhin (m)	rāyn	راین
Danube (m)	dānub	دانوب
Volga (f)	volgā	ولگا
Don (m)	don	دن
Lena (f)	lenā	لنا
Huang He (m)	rud-e zard	رود زرد
Yangzi Jiang (m)	yāng tese	یانگ تسه
Mékong (m)	mekung	مکونگ
Gange (m)	gong	گنگ
Nil (m)	neyl	نیل
Congo (m)	kongo	کنگو
Okavango (m)	okavango	اوکاوانگو
Zambèze (m)	zāmbezi	زامبزی
Limpopo (m)	rud-e limpupu	رود لیمپوپو
Mississippi (m)	mi si si pi	می سی سی پی

131. La forêt

forêt (f)	jangal	جنگل
forestier (adj)	jangali	جنگلی
fourré (m)	jangal-e anbuh	جنگل انبوه
bosquet (m)	biše	بیشه
clairière (f)	marqzār	مرغزار
broussailles (f pl)	biše-hā	بیشه ها
taillis (m)	bute zār	بوته زار
sentier (m)	kure-ye rāh	کوره راه
ravin (m)	darre	دره

arbre (m)	deraxt	درخت
feuille (f)	barg	برگ
feuillage (m)	šāx-o barg	شاخ و برگ
chute (f) de feuilles	barg rizi	برگ ریزی
tomber (feuilles)	rixtan	ریختن
sommet (m)	nok	نوک
rameau (m)	šāxe	شاخه
branche (f)	šāxe	شاخه
bourgeon (m)	šokufe	شکوفه
aiguille (f)	suzan	سوزن
pomme (f) de pin	maxrut-e kāj	مخروط کاج
creux (m)	surāx	سوراخ
nid (m)	lāne	لانه
terrier (m) (~ d'un renard)	lāne	لانه
tronc (m)	tane	تنه
racine (f)	riše	ریشه
écorce (f)	pust	پوست
mousse (f)	xaze	خزه
déraciner (vt)	rišekan kardan	ریشه کن کردن
abattre (un arbre)	boridan	بریدن
déboiser (vt)	boridan	بریدن
souche (f)	kande-ye deraxt	کندهٔ درخت
feu (m) de bois	ātaš	آتش
incendie (m)	ātaš suzi	آتش سوزی
éteindre (feu)	xāmuš kardan	خاموش کردن
garde (m) forestier	jangal bān	جنگل بان
protection (f)	mohāfezat	محافظت
protéger (vt)	mohāfezat kardan	محافظت کردن
braconnier (m)	šekārči-ye qeyr-e qānuni	شکارچی غیر قانونی
piège (m) à mâchoires	tale	تله
cueillir (vt)	čidan	چیدن
s'égarer (vp)	gom šodan	گم شدن

132. Les ressources naturelles

ressources (f pl) naturelles	manābe-'e tabii	منابع طبیعی
minéraux (m pl)	mavādd-e ma'dani	مواد معدنی
gisement (m)	tah nešast	ته نشست
champ (m) (~ pétrolifère)	meydān	میدان
extraire (vt)	estexrāj kardan	استخراج کردن
extraction (f)	estexrāj	استخراج
minerai (m)	sang-e ma'dani	سنگ معدنی
mine (f) (site)	ma'dan	معدن
puits (m) de mine	ma'dan	معدن
mineur (m)	ma'danči	معدنچی

gaz (m)	gāz	گاز
gazoduc (m)	lule-ye gāz	لولهٔ گاز
pétrole (m)	naft	نفت
pipeline (m)	lule-ye naft	لولهٔ نفت
tour (f) de forage	čāh-e naft	چاه نفت
derrick (m)	dakal-e haffāri	دکل حفاری
pétrolier (m)	tānker	تانکر
sable (m)	šen	شن
calcaire (m)	sang-e āhak	سنگ آهک
gravier (m)	sangrize	سنگریزه
tourbe (f)	turb	تورب
argile (f)	xāk-e ros	خاک رس
charbon (m)	zoqāl sang	زغال سنگ
fer (m)	āhan	آهن
or (m)	talā	طلا
argent (m)	noqre	نقره
nickel (m)	nikel	نیکل
cuivre (m)	mes	مس
zinc (m)	ruy	روی
manganèse (m)	mangenez	منگنز
mercure (m)	jive	جیوه
plomb (m)	sorb	سرب
minéral (m)	mādde-ye ma'dani	مادهٔ معدنی
cristal (m)	bolur	بلور
marbre (m)	marmar	مرمر
uranium (m)	orāniyom	اورانیوم

La Terre. Partie 2

133. Le temps

Français	Translittération	Persan
temps (m)	havā	هوا
météo (f)	piš bini havā	پیش بینی هوا
température (f)	damā	دما
thermomètre (m)	damāsanj	دماسنج
baromètre (m)	havāsanj	هواسنج
humide (adj)	martub	مرطوب
humidité (f)	rotubat	رطوبت
chaleur (f) (canicule)	garmā	گرما
torride (adj)	dāq	داغ
il fait très chaud	havā xeyli garm ast	هوا خیلی گرم است
il fait chaud	havā garm ast	هوا گرم است
chaud (modérément)	garm	گرم
il fait froid	sard ast	سرد است
froid (adj)	sard	سرد
soleil (m)	āftāb	آفتاب
briller (soleil)	tābidan	تابیدن
ensoleillé (jour ~)	āftābi	آفتابی
se lever (vp)	tolu' kardan	طلوع کردن
se coucher (vp)	qorob kardan	غروب کردن
nuage (m)	abr	ابر
nuageux (adj)	abri	ابری
nuée (f)	abr-e bārānzā	ابر باران زا
sombre (adj)	tire	تیره
pluie (f)	bārān	باران
il pleut	bārān mibārad	باران می بارد
pluvieux (adj)	bārāni	بارانی
bruiner (v imp)	nam-nam bāridan	نم نم باریدن
pluie (f) torrentielle	bārān šodid	باران شدید
averse (f)	ragbār	رگبار
forte (la pluie ~)	šadid	شدید
flaque (f)	čāle	چاله
se faire mouiller	xis šodan	خیس شدن
brouillard (m)	meh	مه
brumeux (adj)	meh ālud	مه آلود
neige (f)	barf	برف
il neige	barf mibārad	برف می بارد

134. Les intempéries. Les catastrophes naturelles

orage (m)	tufān	طوفان
éclair (m)	barq	برق
éclater (foudre)	barq zadan	برق زدن
tonnerre (m)	ra'd	رعد
gronder (tonnerre)	qorridan	غریدن
le tonnerre gronde	ra'd mizanad	رعد می زند
grêle (f)	tagarg	تگرگ
il grêle	tagarg mibārad	تگرگ می بارد
inonder (vt)	toqyān kardan	طغیان کردن
inondation (f)	seyl	سیل
tremblement (m) de terre	zamin-larze	زمین لرزه
secousse (f)	tekān	تکان
épicentre (m)	kānun-e zaminlarze	کانون زمین لرزه
éruption (f)	favarān	فوران
lave (f)	godāze	گدازه
tourbillon (m), tornade (f)	gerdbād	گردباد
typhon (m)	tufān	طوفان
ouragan (m)	tufān	طوفان
tempête (f)	tufān	طوفان
tsunami (m)	sonāmi	سونامی
cyclone (m)	gerdbād	گردباد
intempéries (f pl)	havā-ye bad	هوای بد
incendie (m)	ātaš suzi	آتش سوزی
catastrophe (f)	balā-ye tabi'i	بلای طبیعی
météorite (m)	sang-e āsmāni	سنگ آسمانی
avalanche (f)	bahman	بهمن
éboulement (m)	bahman	بهمن
blizzard (m)	kulāk	کولاک
tempête (f) de neige	barf-o burān	برف و بوران

La faune

135. Les mammiféres. Les prédateurs

prédateur (m)	heyvān-e darande	حیوان درنده
tigre (m)	bebar	ببر
lion (m)	šir	شیر
loup (m)	gorg	گرگ
renard (m)	rubāh	روباه
jaguar (m)	jagvār	جگوار
léopard (m)	palang	پلنگ
guépard (m)	yuzpalang	یوزپلنگ
panthère (f)	palang-e siyāh	پلنگ سیاه
puma (m)	yuzpalang	یوزپلنگ
léopard (m) de neiges	palang-e barfi	پلنگ برفی
lynx (m)	siyāh guš	سیاه گوش
coyote (m)	gorg-e sahrāyi	گرگ صحرایی
chacal (m)	šoqāl	شغال
hyène (f)	kaftār	کفتار

136. Les animaux sauvages

animal (m)	heyvān	حیوان
bête (f)	heyvān	حیوان
écureuil (m)	sanjāb	سنجاب
hérisson (m)	xārpošt	خارپشت
lièvre (m)	xarguš	خرگوش
lapin (m)	xarguš	خرگوش
blaireau (m)	gurkan	گورکن
raton (m)	rākon	راکون
hamster (m)	muš-e bozorg	موش بزرگ
marmotte (f)	muš-e xormā-ye kuhi	موش خرمای کوهی
taupe (f)	muš-e kur	موش کور
souris (f)	muš	موش
rat (m)	muš-e sahrāyi	موش صحرایی
chauve-souris (f)	xoffāš	خفاش
hermine (f)	qāqom	قاقم
zibeline (f)	samur	سمور
martre (f)	samur	سمور
belette (f)	rāsu	راسو
vison (m)	tire-ye rāsu	تیره راسو

castor (m)	sag-e ābi	سگ آبی
loutre (f)	samur ābi	سمور آبی
cheval (m)	asb	اسب
élan (m)	gavazn	گوزن
cerf (m)	āhu	آهو
chameau (m)	šotor	شتر
bison (m)	gāvmiš	گاومیش
aurochs (m)	gāv miš	گاو میش
buffle (m)	bufālo	بوفالو
zèbre (m)	gurexar	گورخر
antilope (f)	boz-e kuhi	بز کوهی
chevreuil (m)	šukā	شوکا
biche (f)	qazāl	غزال
chamois (m)	boz-e kuhi	بز کوهی
sanglier (m)	gorāz	گراز
baleine (f)	nahang	نهنگ
phoque (m)	fak	فک
morse (m)	širmāhi	شیرماهی
ours (m) de mer	gorbe-ye ābi	گربۀ آبی
dauphin (m)	delfin	دلفین
ours (m)	xers	خرس
ours (m) blanc	xers-e sefid	خرس سفید
panda (m)	pāndā	پاندا
singe (m)	meymun	میمون
chimpanzé (m)	šampānze	شمپانزه
orang-outang (m)	orāngutān	اورانگوتان
gorille (m)	guril	گوریل
macaque (m)	mākāk	ماکاک
gibbon (m)	gibon	گیبون
éléphant (m)	fil	فیل
rhinocéros (m)	kargadan	کرگدن
girafe (f)	zarrāfe	زرافه
hippopotame (m)	asb-e ābi	اسب آبی
kangourou (m)	kāngoro	کانگرو
koala (m)	kovālā	کوالا
mangouste (f)	xadang	خدنگ
chinchilla (m)	čin čila	چین چیلا
mouffette (f)	rāsu-ye badbu	راسوی بدبو
porc-épic (m)	taši	تشی

137. Les animaux domestiques

chat (m) (femelle)	gorbe	گربه
chat (m) (mâle)	gorbe-ye nar	گربۀ نر
chien (m)	sag	سگ

cheval (m)	asb	اسب
étalon (m)	asb-e nar	اسب نر
jument (f)	mādiyān	مادیان
vache (f)	gāv	گاو
taureau (m)	gāv-e nar	گاو نر
bœuf (m)	gāv-e axte	گاو اخته
brebis (f)	gusfand	گوسفند
mouton (m)	gusfand-e nar	گوسفند نر
chèvre (f)	boz-e mādde	بز ماده
bouc (m)	boz-e nar	بز نر
âne (m)	xar	خر
mulet (m)	qāter	قاطر
cochon (m)	xuk	خوک
pourceau (m)	bače-ye xuk	بچۀ خوک
lapin (m)	xarguš	خرگوش
poule (f)	morq	مرغ
coq (m)	xorus	خروس
canard (m)	ordak	اردک
canard (m) mâle	ordak-e nar	اردک نر
oie (f)	qāz	غاز
dindon (m)	buqalamun-e nar	بوقلمون نر
dinde (f)	buqalamun-e māde	بوقلمون ماده
animaux (m pl) domestiques	heyvānāt-e ahli	حیوانات اهلی
apprivoisé (adj)	ahli	اهلی
apprivoiser (vt)	rām kardan	رام کردن
élever (vt)	parvareš dādan	پرورش دادن
ferme (f)	mazrae	مزرعه
volaille (f)	morq-e xānegi	مرغ خانگی
bétail (m)	dām	دام
troupeau (m)	galle	گله
écurie (f)	establ	اصطبل
porcherie (f)	āqol xuk	آغل خوک
vacherie (f)	āqol gāv	آغل گاو
cabane (f) à lapins	lanye xarguš	لانه خرگوش
poulailler (m)	morq dāni	مرغ دانی

138. Les oiseaux

oiseau (m)	parande	پرنده
pigeon (m)	kabutar	کبوتر
moineau (m)	gonješk	گنجشک
mésange (f)	morq-e zanburxār	مرغ زنبورخوار
pie (f)	zāqi	زاغی
corbeau (m)	kalāq-e siyāh	کلاغ سیاه

corneille (f)	kalāq	کلاغ
choucas (m)	zāq	زاغ
freux (m)	kalāq-e siyāh	کلاغ سیاه
canard (m)	ordak	اردک
oie (f)	qāz	غاز
faisan (m)	qarqāvol	قرقاول
aigle (m)	oqāb	عقاب
épervier (m)	qerqi	قرقی
faucon (m)	šāhin	شاهین
vautour (m)	karkas	کرکس
condor (m)	karkas-e emrikāyi	کرکس امریکایی
cygne (m)	qu	قو
grue (f)	dornā	درنا
cigogne (f)	lak lak	لک لک
perroquet (m)	tuti	طوطی
colibri (m)	morq-e magas-e xār	مرغ مگس خوار
paon (m)	tāvus	طاووس
autruche (f)	šotormorq	شترمرغ
héron (m)	havāsil	حواصیل
flamant (m)	felāmingo	فلامینگو
pélican (m)	pelikān	پلیکان
rossignol (m)	bolbol	بلبل
hirondelle (f)	parastu	پرستو
merle (m)	bāstarak	باسترک
grive (f)	torqe	طرقه
merle (m) noir	tukā-ye siyāh	توکای سیاه
martinet (m)	bādxorak	بادخورک
alouette (f) des champs	čakāvak	چکاوک
caille (f)	belderčin	بلدرچین
pivert (m)	dārkub	دارکوب
coucou (m)	fāxte	فاخته
chouette (f)	joqd	جغد
hibou (m)	šāh buf	شاه بوف
tétras (m)	siāh xorus	سیاه خروس
tétras-lyre (m)	siāh xorus-e jangali	سیاه خروس جنگلی
perdrix (f)	kabk	کبک
étourneau (m)	sār	سار
canari (m)	qanāri	قناری
gélinotte (f) des bois	siyāh xorus-e fandoqi	سیاه خروس فندقی
pinson (m)	sehre-ye jangali	سهره جنگلی
bouvreuil (m)	sohre sar-e siyāh	سهره سر سیاه
mouette (f)	morq-e daryāyi	مرغ دریایی
albatros (m)	morq-e daryāyi	مرغ دریایی
pingouin (m)	pangoan	پنگئن

139. Les poissons. Les animaux marins

brème (f)	māhi-ye sim	ماهی سیم
carpe (f)	kapur	کپور
perche (f)	māhi-e luti	ماهی لوتی
silure (m)	gorbe-ye māhi	گربه ماهی
brochet (m)	ordak māhi	اردک ماهی
saumon (m)	māhi-ye salemon	ماهی سالمون
esturgeon (m)	māhi-ye xāviār	ماهی خاویار
hareng (m)	māhi-ye šur	ماهی شور
saumon (m) atlantique	sālmon-e atlāntik	سالمون اتلانتیک
maquereau (m)	māhi-ye esqumeri	ماهی اسقومری
flet (m)	sofre māhi	سفره ماهی
sandre (f)	suf	سوف
morue (f)	māhi-ye rowqan	ماهی روغن
thon (m)	tan māhi	تن ماهی
truite (f)	māhi-ye qezelālā	ماهی قزل آلا
anguille (f)	mārmāhi	مارماهی
torpille (f)	partomahiye barqi	پرتوماهی برقی
murène (f)	mārmāhi	مارماهی
piranha (m)	pirānā	پیرانا
requin (m)	kuse-ye māhi	کوسه ماهی
dauphin (m)	delfin	دلفین
baleine (f)	nahang	نهنگ
crabe (m)	xarčang	خرچنگ
méduse (f)	arus-e daryāyi	عروس دریایی
pieuvre (f), poulpe (m)	hašt pā	هشت پا
étoile (f) de mer	setāre-ye daryāyi	ستاره دریایی
oursin (m)	xārpošt-e daryāyi	خارپشت دریایی
hippocampe (m)	asb-e daryāyi	اسب دریایی
huître (f)	sadaf-e xorāki	صدف خوراکی
crevette (f)	meygu	میگو
homard (m)	xarčang-e daryāyi	خرچنگ دریایی
langoustine (f)	xarčang-e xārdār	خرچنگ خاردار

140. Les amphibiens. Les reptiles

serpent (m)	mār	مار
venimeux (adj)	sammi	سمی
vipère (f)	af'i	افعی
cobra (m)	kobrā	کبرا
python (m)	mār-e pinton	مار پیتون
boa (m)	mār-e bwa	مار بوا
couleuvre (f)	mār-e čaman	مار چمن

serpent (m) à sonnettes	mār-e zangi	مار زنگی
anaconda (m)	mār-e ānākondā	مار آناکوندا
lézard (m)	susmār	سوسمار
iguane (m)	susmār-e deraxti	سوسمار درختی
varan (m)	bozmajje	بزمجه
salamandre (f)	samandar	سمندر
caméléon (m)	āftāb-parast	آفتاب پرست
scorpion (m)	aqrab	عقرب
tortue (f)	lāk pošt	لاک پشت
grenouille (f)	qurbāqe	قورباغه
crapaud (m)	vazaq	وزغ
crocodile (m)	temsāh	تمساح

141. Les insectes

insecte (m)	hašare	حشره
papillon (m)	parvāne	پروانه
fourmi (f)	murče	مورچه
mouche (f)	magas	مگس
moustique (m)	paše	پشه
scarabée (m)	susk	سوسک
guêpe (f)	zanbur	زنبور
abeille (f)	zanbur-e asal	زنبور عسل
bourdon (m)	xar zanbur	خرزنبور
œstre (m)	xarmagas	خرمگس
araignée (f)	ankabut	عنکبوت
toile (f) d'araignée	tār-e ankabut	تارعنکبوت
libellule (f)	sanjāqak	سنجاقک
sauterelle (f)	malax	ملخ
papillon (m)	bid	بید
cafard (m)	susk	سوسک
tique (f)	kane	کنه
puce (f)	kak	کک
moucheron (m)	paše-ye rize	پشه ریزه
criquet (m)	malax	ملخ
escargot (m)	halazun	حلزون
grillon (m)	jirjirak	جیرجیرک
luciole (f)	kerm-e šab-tāb	کرم شب تاب
coccinelle (f)	kafšduzak	کفشدوزک
hanneton (m)	susk bāldār	سوسک بالدار
sangsue (f)	zālu	زالو
chenille (f)	kerm-e abrišam	کرم ابریشم
ver (m)	kerm	کرم
larve (f)	lārv	لارو

La flore

142. Les arbres

arbre (m)	deraxt	درخت
à feuilles caduques	barg riz	برگ ریز
conifère (adj)	maxrutiyān	مخروطیان
à feuilles persistantes	hamiše sabz	همیشه سبز
pommier (m)	deraxt-e sib	درخت سیب
poirier (m)	golābi	گلابی
merisier (m)	gilās	گیلاس
cerisier (m)	ālbālu	آلبالو
prunier (m)	ālu	آلو
bouleau (m)	tus	توس
chêne (m)	balut	بلوط
tilleul (m)	zirfun	زیرفون
tremble (m)	senowbar-e larzān	صنوبر لرزان
érable (m)	afrā	افرا
épicéa (m)	senowbar	صنوبر
pin (m)	kāj	کاج
mélèze (m)	senowbar-e ārāste	صنوبر آراسته
sapin (m)	šāh deraxt	شاه درخت
cèdre (m)	sedr	سدر
peuplier (m)	sepidār	سپیدار
sorbier (m)	zabān gonješk-e kuhi	زبان گنجشک کوهی
saule (m)	bid	بید
aune (m)	tuskā	توسکا
hêtre (m)	rāš	راش
orme (m)	nārvan-e qermez	نارون قرمز
frêne (m)	zabān-e gonješk	زبان گنجشک
marronnier (m)	šāh balut	شاه بلوط
magnolia (m)	māgnoliyā	ماگنولیا
palmier (m)	naxl	نخل
cyprès (m)	sarv	سرو
palétuvier (m)	karnā	کرنا
baobab (m)	bāobāb	بائوباب
eucalyptus (m)	okaliptus	اوکالیپتوس
séquoia (m)	sorx-e čub	سرخ چوب

143. Les arbustes

buisson (m)	bute	بوته
arbrisseau (m)	bute zār	بوته زار

vigne (f)	angur	انگور
vigne (f) (vignoble)	tākestān	تاکستان
framboise (f)	tamešk	تمشک
cassis (m)	angur-e farangi-ye siyāh	انگور فرنگی سیاه
groseille (f) rouge	angur-e farangi-ye sorx	انگور فرنگی سرخ
groseille (f) verte	angur-e farangi	انگور فرنگی
acacia (m)	aqāqiyā	اقاقیا
berbéris (m)	zerešk	زرشک
jasmin (m)	yāsaman	یاسمن
genévrier (m)	ardaj	اردج
rosier (m)	bute-ye gol-e mohammadi	بوتهٔ گل محمدی
églantier (m)	nastaran	نسترن

144. Les fruits. Les baies

fruit (m)	mive	میوه
fruits (m pl)	mive jāt	میوه جات
pomme (f)	sib	سیب
poire (f)	golābi	گلابی
prune (f)	ālu	آلو
fraise (f)	tut-e farangi	توت فرنگی
cerise (f)	ālbālu	آلبالو
merise (f)	gilās	گیلاس
raisin (m)	angur	انگور
framboise (f)	tamešk	تمشک
cassis (m)	angur-e farangi-ye siyāh	انگور فرنگی سیاه
groseille (f) rouge	angur-e farangi-ye sorx	انگور فرنگی سرخ
groseille (f) verte	angur-e farangi	انگور فرنگی
canneberge (f)	nārdānak-e vahši	ناردانک وحشی
orange (f)	porteqāl	پرتقال
mandarine (f)	nārengi	نارنگی
ananas (m)	ānānās	آناناس
banane (f)	mowz	موز
datte (f)	xormā	خرما
citron (m)	limu	لیمو
abricot (m)	zardālu	زردآلو
pêche (f)	holu	هلو
kiwi (m)	kivi	کیوی
pamplemousse (m)	gerip forut	گریپ فوروت
baie (f)	mive-ye butei	میوهٔ بوته ای
baies (f pl)	mivehā-ye butei	میوه های بوته ای
airelle (f) rouge	tut-e farangi-ye jangali	توت فرنگی جنگلی
fraise (f) des bois	zoqāl axte	زغال اخته
myrtille (f)	zoqāl axte	زغال اخته

145. Les fleurs. Les plantes

fleur (f)	gol	گل
bouquet (m)	daste-ye gol	دسته گل
rose (f)	gol-e sorx	گل سرخ
tulipe (f)	lāle	لاله
oeillet (m)	mixak	میخک
glaïeul (m)	susan-e sefid	سوسن سفید
bleuet (m)	gol-e gandom	گل گندم
campanule (f)	gol-e estekāni	گل استکانی
dent-de-lion (f)	gol-e qāsedak	گل قاصدک
marguerite (f)	bābune	بابونه
aloès (m)	oloviye	آلوئه
cactus (m)	kāktus	کاکتوس
ficus (m)	fikus	فیکوس
lis (m)	susan	سوسن
géranium (m)	gol-e šam'dāni	گل شمعدانی
jacinthe (f)	sonbol	سنبل
mimosa (m)	mimosā	میموسا
jonquille (f)	narges	نرگس
capucine (f)	gol-e lādan	گل لادن
orchidée (f)	orkide	ارکیده
pivoine (f)	gol-e ašrafi	گل اشرفی
violette (f)	banafše	بنفشه
pensée (f)	banafše-ye farangi	بنفشه فرنگی
myosotis (m)	gol-e farāmuš-am makon	گل فراموشم مکن
pâquerette (f)	gol-e morvārid	گل مروارید
coquelicot (m)	xašxāš	خشخاش
chanvre (m)	šāh dāne	شاه دانه
menthe (f)	na'nā'	نعناع
muguet (m)	muge	موگه
perce-neige (f)	gol-e barfi	گل برفی
ortie (f)	gazane	گزنه
oseille (f)	toršak	ترشک
nénuphar (m)	nilufar-e abi	نیلوفر آبی
fougère (f)	saraxs	سرخس
lichen (m)	golesang	گلسنگ
serre (f) tropicale	golxāne	گلخانه
gazon (m)	čaman	چمن
parterre (m) de fleurs	baqče-ye gol	باغچه گل
plante (f)	giyāh	گیاه
herbe (f)	alaf	علف
brin (m) d'herbe	alaf	علف

feuille (f)	barg	برگ
pétale (m)	golbarg	گلبرگ
tige (f)	sāqe	ساقه
tubercule (m)	riše	ریشه
pousse (f)	javāne	جوانه
épine (f)	xār	خار
fleurir (vi)	gol kardan	گل کردن
se faner (vp)	pažmorde šodan	پژمرده شدن
odeur (f)	bu	بو
couper (vt)	boridan	بریدن
cueillir (fleurs)	kandan	کندن

146. Les céréales

grains (m pl)	dāne	دانه
céréales (f pl) (plantes)	qallāt	غلات
épi (m)	xuše	خوشه
blé (m)	gandom	گندم
seigle (m)	čāvdār	چاودار
avoine (f)	jow-e sahrāyi	جو صحرایی
millet (m)	arzan	ارزن
orge (f)	jow	جو
maïs (m)	zorrat	ذرت
riz (m)	berenj	برنج
sarrasin (m)	gandom-e siyāh	گندم سیاه
pois (m)	noxod	نخود
haricot (m)	lubiyā qermez	لوبیا قرمز
soja (m)	sowyā	سویا
lentille (f)	adas	عدس
fèves (f pl)	lubiyā	لوبیا

LES PAYS DU MONDE. LES NATIONALITÉS

147. L'Europe de l'Ouest

Europe (f)	orupā	اروپا
Union (f) européenne	ettehādiye-ye orupā	اتحادیه اروپا
Autriche (f)	otriš	اتریش
Grande-Bretagne (f)	beritāniyā-ye kabir	بریتانیای کبیر
Angleterre (f)	engelestān	انگلستان
Belgique (f)	belžik	بلژیک
Allemagne (f)	ālmān	آلمان
Pays-Bas (m)	holand	هلند
Hollande (f)	holand	هلند
Grèce (f)	yunān	یونان
Danemark (m)	dānmārk	دانمارک
Irlande (f)	irland	ایرلند
Islande (f)	island	ایسلند
Espagne (f)	espāniyā	اسپانیا
Italie (f)	itāliyā	ایتالیا
Chypre (m)	qebres	قبرس
Malte (f)	mālt	مالت
Norvège (f)	norvež	نروژ
Portugal (m)	porteqāl	پرتغال
Finlande (f)	fanlānd	فنلاند
France (f)	farānse	فرانسه
Suède (f)	sued	سوئد
Suisse (f)	suis	سوئیس
Écosse (f)	eskātland	اسکاتلند
Vatican (m)	vātikān	واتیکان
Liechtenstein (m)	lixteneštāyn	لیختن اشتاین
Luxembourg (m)	lokzāmborg	لوکزامبورگ
Monaco (m)	monāko	موناکو

148. L'Europe Centrale et l'Europe de l'Est

Albanie (f)	ālbāni	آلبانی
Bulgarie (f)	bolqārestān	بلغارستان
Hongrie (f)	majārestān	مجارستان
Lettonie (f)	letuni	لتونی
Lituanie (f)	litvāni	لیتوانی
Pologne (f)	lahestān	لهستان

Roumanie (f)	romāni	رومانی
Serbie (f)	serbestān	صربستان
Slovaquie (f)	eslovāki	اسلواکی

Croatie (f)	korovāsi	کرواسی
République (f) Tchèque	jomhuri-ye ček	جمهوری چک
Estonie (f)	estoni	استونی

Bosnie (f)	bosni-yo herzogovin	بوسنی وهرزگوین
Macédoine (f)	jomhuri-ye maqduniye	جمهوری مقدونیه
Slovénie (f)	eslovoni	اسلوونی
Monténégro (m)	montenegro	مونته‌نگرو

149. Les pays de l'ex-U.R.S.S.

| Azerbaïdjan (m) | āzarbāyjān | آذربایجان |
| Arménie (f) | armanestān | ارمنستان |

Biélorussie (f)	belārus	بلاروس
Géorgie (f)	gorjestān	گرجستان
Kazakhstan (m)	qazzāqestān	قزاقستان
Kirghizistan (m)	qerqizestān	قرقیزستان
Moldavie (f)	moldāvi	مولداوی

| Russie (f) | rusiye | روسیه |
| Ukraine (f) | okrāyn | اوکراین |

Tadjikistan (m)	tājikestān	تاجیکستان
Turkménistan (m)	torkamanestān	ترکمنستان
Ouzbékistan (m)	ozbakestān	ازبکستان

150. L'Asie

Asie (f)	āsiyā	آسیا
Vietnam (m)	viyetnām	ویتنام
Inde (f)	hendustān	هندوستان
Israël (m)	esrāil	اسرائیل

Chine (f)	čin	چین
Liban (m)	lobnān	لبنان
Mongolie (f)	moqolestān	مغولستان

| Malaisie (f) | mālezi | مالزی |
| Pakistan (m) | pākestān | پاکستان |

Arabie (f) Saoudite	arabestān-e so'udi	عربستان سعودی
Thaïlande (f)	tāyland	تایلند
Taïwan (m)	tāyvān	تایوان
Turquie (f)	torkiye	ترکیه
Japon (m)	žāpon	ژاپن
Afghanistan (m)	afqānestān	افغانستان
Bangladesh (m)	bangelādeš	بنگلادش

Indonésie (f)	andonezi	اندونزی
Jordanie (f)	ordon	اردن
Iraq (m)	arāq	عراق
Iran (m)	irān	ایران
Cambodge (m)	kāmboj	کامبوج
Koweït (m)	koveyt	کویت
Laos (m)	lāus	لائوس
Myanmar (m)	miyānmār	میانمار
Népal (m)	nepāl	نپال
Fédération (f) des Émirats Arabes Unis	emārāt-e mottahede-ye arabi	امارات متحده عربی
Syrie (f)	suriye	سوریه
Palestine (f)	felestin	فلسطین
Corée (f) du Sud	kare-ye jonubi	کرۀ جنوبی
Corée (f) du Nord	kare-ye šomāli	کرۀ شمالی

151. L'Amérique du Nord

Les États Unis	eyālāt-e mottahede-ye emrikā	ایالات متحدۀ امریکا
Canada (m)	kānādā	کانادا
Mexique (m)	mekzik	مکزیک

152. L'Amérique Centrale et l'Amérique du Sud

Argentine (f)	āržāntin	آرژانتین
Brésil (m)	berezil	برزیل
Colombie (f)	kolombiyā	کلمبیا
Cuba (f)	kubā	کوبا
Chili (m)	šhili	شیلی
Bolivie (f)	bulivi	بولیوی
Venezuela (f)	venezuelā	ونزوئلا
Paraguay (m)	pārāgue	پاراگوئه
Pérou (m)	porov	پرو
Surinam (m)	surinām	سورینام
Uruguay (m)	orogue	اوروگوئه
Équateur (m)	ekvādor	اکوادور
Bahamas (f pl)	bāhāmā	باهاما
Haïti (m)	hāiti	هائیتی
République (f) Dominicaine	jomhuri-ye dominikan	جمهوری دومینیکن
Panamá (m)	pānāmā	پاناما
Jamaïque (f)	jāmāikā	جامائیکا

153. L'Afrique

Égypte (f)	mesr	مصر
Maroc (m)	marākeš	مراکش
Tunisie (f)	tunes	تونس
Ghana (m)	qanā	غنا
Zanzibar (m)	zangbār	زنگبار
Kenya (m)	keniyā	کنیا
Libye (f)	libi	لیبی
Madagascar (f)	mādāgāskār	ماداگاسکار
Namibie (f)	nāmibiyā	نامیبیا
Sénégal (m)	senegāl	سنگال
Tanzanie (f)	tānzāniyā	تانزانیا
République (f) Sud-africaine	jomhuri-ye āfriqā-ye jonubi	جمهوری آفریقای جنوبی

154. L'Australie et Océanie

Australie (f)	ostorāliyā	استرالیا
Nouvelle Zélande (f)	niyuzland	نیوزلند
Tasmanie (f)	tāsmāni	تاسمانی
Polynésie (f) Française	polinezi-ye farānse	پلینزی فرانسه

155. Les grandes villes

Amsterdam (f)	āmesterdām	آمستردام
Ankara (m)	ānkārā	آنکارا
Athènes (m)	āten	آتن
Bagdad (m)	baqdād	بغداد
Bangkok (m)	bānkok	بانکوک
Barcelone (f)	bārselon	بارسلون
Berlin (m)	berlin	برلین
Beyrouth (m)	beyrut	بیروت
Bombay (m)	bombai	بمبئی
Bonn (f)	bon	بن
Bordeaux (f)	bordo	بوردو
Bratislava (m)	bratislav	براتیسلاو
Bruxelles (m)	boruksel	بروکسل
Bucarest (m)	boxārest	بخارست
Budapest (m)	budāpest	بوداپست
Caire (m)	qāhere	قاهره
Calcutta (f)	kalkate	کلکته
Chicago (f)	šikāgo	شیکاگو
Copenhague (f)	kopenhāk	کپنهاک
Dar es-Salaam (f)	dārossalām	دارالسلام
Delhi (f)	dehli	دهلی

Dubaï (f)	debi	دبی
Dublin (f)	dublin	دوبلین
Düsseldorf (f)	duseldorf	دوسلدورف
Florence (f)	felorāns	فلورانس
Francfort (f)	ferānkfort	فرانکفورت
Genève (f)	ženev	ژنو
Hague (f)	lāhe	لاهه
Hambourg (f)	hāmborg	هامبورگ
Hanoi (f)	hānoy	هانوی
Havane (f)	hāvānā	هاوانا
Helsinki (f)	helsinki	هلسینکی
Hiroshima (f)	hirošimā	هیروشیما
Hong Kong (m)	hong kong	هنگ کنگ
Istanbul (f)	estānbol	استامبول
Jérusalem (f)	beytolmoqaddas	بیت المقدس
Kiev (f)	keyf	کیف
Kuala Lumpur (f)	kuālālāmpur	کوالالامپور
Lisbonne (f)	lisbun	لیسبون
Londres (m)	landan	لندن
Los Angeles (f)	losānjeles	لس‌آنجلس
Lyon (f)	liyon	لیون
Madrid (f)	mādrid	مادرید
Marseille (f)	mārsey	مارسی
Mexico (f)	mekziko	مکزیکو
Miami (f)	mayāmey	میامی
Montréal (f)	montreāl	مونترآل
Moscou (f)	moskow	مسکو
Munich (f)	munix	مونیخ
Nairobi (f)	nāyrubi	نایروبی
Naples (f)	nāpl	ناپل
New York (f)	niyuyork	نیویورک
Nice (f)	nis	نیس
Oslo (m)	oslo	اسلو
Ottawa (m)	otāvā	اتاوا
Paris (m)	pāris	پاریس
Pékin (m)	pekan	پکن
Prague (m)	perāg	پراگ
Rio de Janeiro (m)	riyo-do-žāniro	ریو دو ژانیرو
Rome (f)	ram	رم
Saint-Pétersbourg (m)	sān peterzburg	سن پترزبورگ
Séoul (m)	seul	سئول
Shanghai (m)	šānghāy	شانگهای
Sidney (m)	sidni	سیدنی
Singapour (f)	sangāpur	سنگاپور
Stockholm (m)	āstokholm	استکهلم
Taipei (m)	tāype	تایپه
Tokyo (m)	tokiyo	توکیو
Toronto (m)	toronto	تورنتو

Varsovie (f)	varšow	ورشو
Venise (f)	veniz	ونیز
Vienne (f)	viyan	وین
Washington (f)	vāšangton	واشنگتن

www.ingramcontent.com/pod-product-compliance
Lightning Source LLC
Chambersburg PA
CBHW070601050426
42450CB00011B/2936